大沐老師 著 / 拍攝　　陳藹文 採訪整理

造舟裡的
生命教育

七天打造一艘舟，
從主題式學習到團隊合作的靈魂修煉課

目次
Contents

開啟海洋心，翻轉舟界新視野

　　因學校推動海洋教育而與大沐結緣，一起透過辦理師生造舟、創客教育共逐海洋夢，讓更多的朋友成為海洋子民的夥伴。擁有諸多特殊才藝的大沐，比許多教師有教育哲學理念、更有教育熱情，散發著教育家的特質。

　　大沐的創新思維與創客魂將近年的努力成果，結晶為《造舟裡的生命教育》，將成為國內第一本最具故事性、教育性、創新性、國際性的獨木舟第一手文本，貼近生活又容易閱讀，本書可說是手工造舟、划獨木舟、推動水域環境教育與學習者的另類「獨木舟學校」，打開讀者的海洋之心，翻轉獨木舟界視野，成為海洋之子。

臺北市永建國小校長　**吳文德**
臺北市學校環境教育中心執行長

獨木舟開啟了海洋文化的黎明，從遠古時代的水上浮木發想到刳木成舟，才有了第一艘能自在操控的「船」，而河海空間無限浩瀚，人類文明至今仍未完全探索。人生也是如此，從一無所知降生，不斷的學習、成長，不斷的充實，才不枉一生。十年前，和大沐一起從手作格陵蘭舟 ABC 開始摸索，大沐的「舟」已經臻入藝術的等級——這藝術品，並不只是提供視覺美感的模型。「航行」才是「船」的生命真義，大沐的造舟課從零開始，備材、木框成形、蒙皮、美化到河海划槳探索連貫呵成，不但完成船的生命意義，也教育了造舟者學習和探索的生命意義。所以，大沐的舟，不止是手藝，是道。而大沐從舟槳中廣大傳播了這個道理。（張銘隆從民國七十年首創秀姑巒溪急流泛舟開始，至民國八十九年先後完成海洋舟環划台灣本島和澎湖群島的創舉，帶動了台灣海洋舟活動風潮）

台灣獨木舟運動的先鋒　張銘隆

　　台灣假如少了大沐老師，肯定會失去不少的樂趣，因為我們所成長的這塊土地，有著美麗的河流、湖泊與海洋，若沒有人教我們造舟，我們便失去了與她們親近的機會。我曾經親自與青少年參加大沐老師的造舟課程，誰說他們是一個無感學習的世代？跳脫刻板印象的教學模式，孩子的學習是主動、快樂的，而且他們學到的不只是知識、技能，更是態度與品格，我們看到了教育可以被翻轉。

美崙浸信會主任牧師　蔡志堅

大沐，有一個奔放、自由與創意的靈魂，為了理想，為了孩子，為了這塊土地，可以忘記自己，全力以赴的狂野男人。

　　與他熟識很多年，不管在信仰上，或是冒險專業上，或是在服事孩子上，我們都有共同的看見與熱情。那一年，他說營地鍋爐壞了，需要維修，我去看他。慢慢的，我們有很多的交集；有一年暑假，我請他來臺灣師範大學教大學生、中學生與小學生一起參與「大手攜小手，獨木造舟計畫」，同時也幫助偏鄉孩子圓夢。之後我們常一起閒聊，一起划獨木舟，然後在他失意時，我成為他的確保與代禱者。

　　大沐，一直都知道他要做甚麼，也知道他生命的召喚在那裏，也因此他透過造舟及木工手造過程，再做一個另類不同的教育，讓孩子專注、會思考，有美感，相互合作，學習溝通，一直在創造教育更大的可能。多年來，不只是手造的獨木舟之多，更重要的是，影響與改變更多的生命。這是一個失落疏離的年代，但他卻用他的熱情與貢獻，融化這些疏離與失落。

　　這一本書是獨木舟的書，更是教育的書，也是家庭親關係的書，亦是開啟心靈視野的書，更是感動生命的書，期待這本書給每一位讀者，有不同生命展現的可能，更重要的是，更看清人類靈魂真正的需要。

祝平安喜樂

國立師範大學教授　**謝智謀**
華人磐石領袖協會理事長

5000 年前在南太平洋上遷徙的南島語族，身上留著大海母親般的血液，我們也是。

　　數千年過去，人們對大海的嚮往無異，但是面對大海的勇氣與能力已經變得薄弱。畢竟現代人承受不了九死一生的風險，也並不花費一生鍛鍊航海的技術體能。有太多人被一時興起的成就吸引，緊接著就被不友善的環境擊潰。

　　我與大沐老師相識在 2012 年的九月，我熱愛帆船航海，大沐老師則在眼中散發著接收到神諭般的光芒！他想要做一件事，一件當時連我都覺得不可能的事，面對這群已經被馴化成島民的人們，他要透過造舟喚醒大家身為海人的記憶。

　　同為海洋教育的先鋒，我最能體會這個夢想需要無比的熱情與毅力才有機會辦到。七年過去，這本造舟書，是大沐老師堅持的成果，是海洋教育的里程碑，我要向大沐老師致敬！

亞果遊艇集團‧樂活海洋學院 執行長　**羅致遠**

（依姓名筆畫順序排列）

造一艘有生命的舟

　　生長在台灣這海島，一生應該要為自己造一艘舟，然後划向大海，從海上親眼見證這島嶼的美麗。

　　許多人都曾有過摺紙船的兒時記憶，看著放在水面上的小船，經由手指輕輕撥動而前進的喜悅是何等美好。

　　這近十年，帶著許多孩子一起動手造一艘真正可以在河海航行的舟。承自六千年前依努特人的古老智慧所發展的骨架蒙皮舟，讓小孩造舟不再是夢想。

　　如果只是想「划船」真的不需要「自己造舟」……

　　買船，租船，借船……就可以「划船」。

　　所以大沐教你造舟，不單是為了帶你「划船」，

　　當你手中一根根看似脆弱的木條，

　　在有計畫的指導中，一根根連結在一起，

　　在蒙上看似「薄布」的外衣……

　　最後竟然可以「承載你」，帶你航向大海……

　　而這舟依然可以承受大風與大浪……

　　當然舟也可能在航程中因撞擊而破損，卻不至於下沈……

　　舟破損了，你可以選擇「丟棄」或「修補」。

　　生命的建造不也是如此，每一段看似簡單的學習，累積與交疊……成為承載我們生命的大舟……

　　而每一份關係的破口，也是如此……

　　你可以選擇「放棄」或「修復」。

每一位造舟人，都清楚每一根木條，每一段連結的關係……因此自己造的舟，便宛若一艘有生命的舟……

團隊造舟，讓優秀手巧的學生少做多指導，讓「塑造英雄」的傳統教育模式，轉換成「培養領袖」的性格養成。並且讓自信不足的孩子在造舟的過程中，建立自信與存在感。

這樣的舟應該會不夠「完美」，然而卻可以因為這看似不完美的舟，來成就一個完美的學習。

開始造舟並且划舟，會發現許多這島嶼的美好是過去在陸地上所未曾發現的，不論是家鄉的溪河，埤塘，或是環繞島嶼四周的海洋，都值得生長在台灣這美麗島嶼的人們去經驗他。

關於「造舟」與「划舟」，我隨時在思考與修正造舟的方法與可能。就好像我教導孩子在團隊學習造舟的過程中，我們努力一起完成一艘「可以航行」的舟，並且讓每個人都好，這才是最美的學習過程。

Good Enough，讓團隊中的每個人在學習中有更多的成長空間，是團隊造舟的精神。

一定要感謝將格稜蘭舟帶進我生命的 Yang Shang，以及 Candy Wang，Yang Shang 與張銘隆大哥陪伴我初次在明德水庫的划船，開啟我生命的新視野。

開始研究造舟的伙伴們中，尤以陸怡大哥在蒙皮舟還未造成的階段中是我最大支持者，我的太太和女兒的陪伴參與，讓一個中年大叔可以持續的航行在這份夢想中。

沒有停止海洋夢想「台東孩子的書屋」，更是謝謝書屋的「多元教育組」在本書許多相片的紀錄與提供。

盼望你打開這本書，可以自力造一艘骨架蒙皮舟。如同書中的點滴故事分享，希望你也開始用自己的舟來述說新的生命里程，讓你的故事也成為影響他人生命最美的一頁。

老師，我這個靈魂要怎麼辦？

　　那天，造舟課中突然一個稚嫩的聲音發問：「老師，我這個靈魂要怎麼辦？」

　　這句話引得眾人會心一笑，轉頭看他，是個可愛的小二男孩，手裡握著剛剛做好的木塊機器人，十分生動，顯然已經花了不少心思製作。再追問他後，便拿出畫在紙上的設計圖介紹，這個「靈魂」可是他很認真做出來的，只不過做完卻

忘記老師說過要放的位置，所以拿到老師面前詢問，靈魂做好了，要怎麼辦？要放哪裡？

　　大沐老師的手工造舟課程裡，靈魂這件有趣的「小事」總能引發討論，跟船體結構一點關係也沒有，老師會提醒每個隊伍利用手邊廢料，找時間空檔去做一個代表自己的小物，吊掛在獨木舟的船頭內部，當作吉祥物，不為給別人看，而是為了自己。老師會對所有學員說，這是賦予獨木舟生命，是船的靈魂，也是你的靈魂。

　　造舟營隊約需一星期的時間，前兩天充滿新鮮感，大家都精力旺盛，進入第三天左右，來到體力與意志的倦怠期、撞牆期，尤其受到進度壓力而開始煩躁的時候，可休息片刻緩衝一下，換個心情，輕鬆地去設計這個吉祥物。

　　結果，小孩的隨口一問，成了本日的哲學討論，聽到的人都故意拿來當作跟老師對話的起頭：「老師啊，我這個靈魂要怎麼辦？」有點開玩笑，也有點想從造舟過程找一些啟發吧！

　　是啊，我們的靈魂要怎麼辦？雖然不是一般人認為會在「造舟課」提出的問題，未必不能在這七天的造舟時光中思考，從團體生活裡、從手作細節裡，看自己的所有與所缺，去找到答案。

　　記得有一組文靜害羞的家庭，認真地想學造舟，事先還採買了很多新工具，但下手總是遲疑，老師只好派出一位小幫手去協助，進度才跟上，眼看已經完成船體全部骨架只剩下蒙皮了，無奈最後一天小幫手有事不能到場，全家面露難色，老師鼓勵著說：「別擔心，你一定可以做好的，小幫手不在，還有我在啊！」

　　溪河外訓划船那日，中場每隊練習翻船復位，這家父子也是非常害怕，遲遲無法自主落入水裡，只好借旁人之力強迫下水去面對恐懼，因為每個人都必須有此經驗未來才能真的划船，造舟的意義也才完整。翻船前的緊張猶豫，與得知最後一天造舟沒有幫手、安全感頓失的神情相似，老師提醒他們不必太擔心，不用怕做錯。

　　給獨木舟蒙皮當天一直到晚上十點半才完成，事實證明，他們是做得到的，

只是進度緩慢些。最後拍試乘合照時，表情終於開了，笑了，滿足地看著自己造的舟，應該是覺得不可思議、又有點得意吧，是一艘巨大的、完整的、真正的船呢！孩子興奮地介紹他們船首吊掛的五片吉祥物，洋溢著大功告成的喜悅。

因為怕做錯，人的一生可能錯失多少嘗試的機會呢？造舟的環節裡，大沐老師很少指責誰做法失誤，總說「也可以」、「也不是不行」、「船還是能划，只是會很難划而已」，雖然口中笑稱自己是阿Q精神，容錯率很高，其實是不怕錯的精神，「錯了可以改啊」，阿Q精神是一種對事物保有彈性的態度，沒什麼不能調整修補的，任何問題都會有解決方法，只要去找。

「七天造舟是一場身心靈的修煉。」另一位支援的小幫手在回家的路上如此發文於臉書動態，參與過的人應該都會同意。任務完成了很驕傲，但那些與夥伴爭執、忍不住怨天尤人，或失去信心、覺得沮喪、想要放棄的感覺都很深刻，這無疑是一場修煉，大人小孩同樣被磨練著。也許難的根本不是造舟，而是這裡面所有的溝通、人際、合作、體力、耐心、人性……，甚至是靈魂深處的東西。

大沐老師的演講中有一句話很值得記下，那是去國外某間學校看到的標語「Make Something Bigger Than You」，該校希望學生在求學期間，嘗試去做一個比自己體型還大的東西，不論成敗，不管是什麼，勇敢挑戰自己的極限。

造舟，就是這樣的一件事情，親手做一艘比你身體還大好幾倍的船，激發自己的潛能，誰說小小的身體不能裝一個大大的靈魂。

序曲
Prologue

獨木舟
是一所學校

造舟也好，造樹屋或其他創客課程也好，
我理想的教育模式是一樣的：
先引發興趣、認識結構，
再進行模型製作、技能養成。

2018 下半年，我開始帶一群自學的小孩造舟，他們來自六個自學家庭，小二到小六都有；其中一個家長是之前就認識，我在 2016 年時曾經帶他們在嶺頭山莊造樹屋，用了一年的時間。

這次來學造舟，實際情形卻是：我給他們上了一個半月的課，連個紙船模型都還沒做，怎麼回事？

因為我想先引發興趣，想跟孩子的生活有連結，所以第一天上課時，我就帶他們去看海。

第一天 上課 就看海

海可以看什麼呢？

首先，可以看沙灘有什麼變化？潮汐有什麼變化？

我要他們記錄下「沙灘上不屬於大自然的東西」有哪些？也請他們看海浪，記錄週期，看每隔多久會有一個浪過來？去感受浪高，教他們用表格畫下來。

這樣的觀察跟數學有沒有關係？當然有，他將了解**什麼是統計，什麼是週期**，這些都是「知識」，但孩子們是順其自然、用生活的角度去看待，而不是從課本。

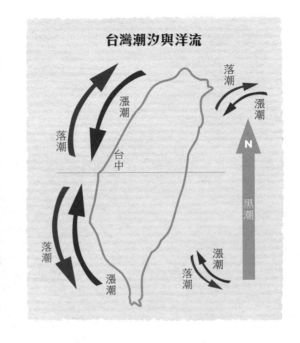

看海浪時我問：有沒有發現可能每四到五個浪會有一個比較高一點、之後才是小浪？這是衝浪者要觀察的事情，但我對他們說，造舟也一樣要了解這些。不過，看完浪之後，我不只帶孩子做討論、做記錄，也「順便」帶他們玩水。

造舟也好，造樹屋或其他創客課程也好，我理想的教育模式是一樣的：**先引發興趣、認識結構，再進行模型製作、技能養成**。教育不能只有上課，教室旁邊剛好有個潮間帶，上完課我就帶他們去玩水，玩得很開心。

如此宣告一堂課的完成，這種學習，孩子怎麼會不喜歡。

興趣是產生學習的動力

隔週再上課時，則先不觀浪，帶他們看天氣預報的「Windy」軟體、看中央氣象局的潮汐表，讓他們知道科學的數據是怎樣、週期是怎樣。

然後，再教「風」。很多
大人都搞不清楚風的方向，
更何況小二、小三的孩子？
因此先帶他們認識什麼是東
南西北，在東和北的中間是東
北，了解什麼是東北風。但光用
講的，還是只有知識，無法形成技
術，無法真正判斷風，怎麼辦呢？
　　我說：「下次我們要在淡水河划
獨木舟！」然後，讓他們看地圖。
　　孩子從地圖可以知道，淡水河
是從台灣約略偏東南方，流向偏西北
方。如果今天吹東南風，就是順風；如
果吹西北風，就是正逆風；如果吹東風
或西風，就是偏風，孩子馬上覺得很有意
思，因為我接下來就是考數學題了。
　　「如果下週要去划船，請問漲潮划、還
是退潮划比較好？」
　　有些孩子說漲潮好，有些說退潮好，事實
上這個問題還沒問完，漲潮好的條件是什麼？
退潮好的條件又是什麼？第一階段我們研究的
就是變數的條件，跟數學課學 XYZ 是一樣的意
思，要由市區划向淡水河口，當然應該划退潮，
反之就是漲潮。
　　每 6 小時一次漲潮到退潮，12 小時一個週期，
但這潮汐問題只用講的實在很無聊，孩子下禮拜要划
船了，直接出一個應用問題給他們：

下週六，看潮汐表，乾潮是早上八點零五分，表示從早上八點到下午兩點這6小時都在漲潮，從兩點多開始又退潮。「如果上午划船，遇到的是漲潮，那你要從市區划向淡水？還是要從淡水划向市區？我們應該幾點出發比較適合？」

這天的回家作業，就是讓他們回去做「**自己的航程規劃**」。

除了天氣和潮汐，也提醒他們要注意環境，不要忘記淡水河有泥巴要踩，可能需要漲潮2小時，等有水的時候才下船，所以環境條件的觀察同樣非常重要。中央氣象局說那一天吹西南風，這樣的划船條件好不好？如果從中港碼頭划到淡水河口10公里大概要3小時，我們到底要幾點出發？

這些問題難不難？如果是單純數學題，小孩子可能想破頭；但當他為了要划船，每個問題來到面前都很實際，不會很難，在他的思考裡是非常具體的，而不是抽象的。

我們過去所謂的「知識」，給孩子的東西大部分都很抽象，學生只能為了解題而解題，如今讓他從划船的角度去算，就不難了。

同時，我跟他們強調這些問題都可以討論，在無法理解的時候盡量去找人討論，包括找爸媽討論，想辦法釐清。我一再地跟孩子講：「老師出的任何題目都不是要把你考倒，而是要把你教會，甚至可以去問別人也沒關係，有問題直接問，只要搞懂就好。」

一切都是希望他能產生興趣，在「知識」的部分，只要產生興趣，學習就沒有問題了。造舟的教學內容確實包含了技術和知識，至於受教者要如何有好的學習態度，關鍵仍在於他們是否有興趣。

重視素養教育的價值

我曾經去過一所國中教造舟，學校老師想要推造舟，學生被帶來學造舟、做模型，我看這些孩子都沒有划過船，便從分析船有哪幾種做法：有拼板、拼條、蒙皮舟等講起。但他們一點興趣都沒有，眼神充滿麻木。

有學生問我：「老師，做完模型要不要打分數？」

我說不用，於是他說：「不用的話，那我就隨便做嘍！」

我無奈地笑笑說，好。

還有個學生模型沒做完，我問他：「沒做完怎麼辦？」

「沒關係，這種東西拿回家就是丟掉，不用做完。」他答。

可是，你能怪他們嗎？不能，因為他們也是被迫學習。在一個沒有需求的情況下把東西給他，大人自以為他需要，孩子興趣缺缺表現出來的行為並非為了反抗老師，而是一種很無所謂地、態度上的消極。他們覺得：「我學這些東西沒有用，也不是我想要學的。」所以才會態度不好。

老實說，這對教育工作者也不公平，身為老師的我也想問：「為什麼我要忍受你這種輕蔑的學習態度？」

從這個教育現場來看，對受教者而言，是一種殘害，被逼迫來了解一個他不知道的東西；對於教育工作者來講，也同樣是一種殘害，兩方面都得到不公平的對待。我認真準備要教的東西，可是學生根本不知道他為什麼要來學，這種情況下，如何去滿足三方的需求，實在很難。

現在的學校教育想要涵蓋知識（Knowledge）、技術（Skill）和態度（Attitude）三個價值，稱為「素養教育」，但顯而易見地，學生們仍然欠缺素養，為什麼？因為我們的價值取向一直以來都偏重「知識」，很少有「技術」的教育，更不用提「態度」的部分了。**素養教育實在應該從引發「興趣」、產生需求開始啊！**

素養教育示意圖

A

素養教育

S K

Attitude
Skill
Knowledge

在山上
造舟的人

　　説起自學，我應該也算很愛自學的人吧！我的造舟工法和現在這整套造舟營隊課程的教案，全都是自學研發來的。

　　2010 年我在嶺頭山莊服務，山上缺少可以使用的空間，天真的我心想：不能蓋房子，那就蓋個「方舟」好了！

　　聽起來很瘋狂，但我覺得是可行的，就從這個角度去尋找有關造舟的技巧，開始看書，最後選擇了一個原始的造舟工法：**骨架蒙皮舟（Skin On Frame Kayak）***。一來它容易掌握，二來，我發現這艘舟的做法居然是用身體當作一把尺來量，與《聖經》上看到的「方舟」雷同，符合我想要造方舟的技法。

　　我這人有個習慣，做一樣東西必須會使用它。為了造方舟，先學造獨木舟小

船，也希望自己能划獨木舟。當然那時還不會划，只好找人帶我去划船。一邊划船，一邊認識過去所沒有認識的台灣。過去都在陸上生活，划船時赫然發現，因為不同角度、不同視野，那個原本很熟悉的地方變得陌生了。

---

*　　獨木舟在英文有兩種說法：Canoe 以及 Kayak。Canoe：泛指開艙式 (open top) 獨木舟，多應用於河流，在本書中以「河流舟」稱呼。Kayak：是封艙式 (close top) 獨木舟，多應用於海洋使用，在本書中以「海洋舟」稱呼。

划船從河流、從海上回看熟悉的土地，感覺竟是陌生的，這種「陌生」來自環境，放眼望去有太多我所不認識的、特別是屬於環境污染的事物。在河面上看到髒東西，聞到臭味，在海上看到沿岸的垃圾，才驚覺以前沒有划船的時候，對這些東西並不在乎，或者說，根本看不見。

　　因此，我對造舟產生了一個新的想法：**「透過造舟，希望讓大家重新找回屬於台灣這個島上生活的方式。」**

　　當然，在山上造舟的想法沒有變，因為我在嶺頭山莊服務，要為山莊蓋一艘方舟增加它的使用空間，天真一點又何妨。如果建管處來問，就說是擺一艘「船」在這，用固定船的方式來固定它。若就信仰的角度而言，也不會覺得太瘋狂，因為基督教本來就有諾亞方舟的歷史。

　　於是，我成為一個很奇怪的、不是在海邊、卻在山上造舟的人。

自我實現不是夢

　　我興沖沖找了幾個好朋友組成讀書會，結果大概進行了四次，成員就剩下我一個人。因為讀得都是原文書，大家工作忙碌，各自回家再分享也沒進度，只好自己查很多資料，又再多買幾本書交叉比對，從模型開始做起。

　　對「製作」這件事情，我總希望它先有一個模型來了解，從 2010 到 2012 花了兩年時間，才把模型做好，曾經連女兒都說：「爸爸，你要不要去做一些活著可以完成的事啊？」

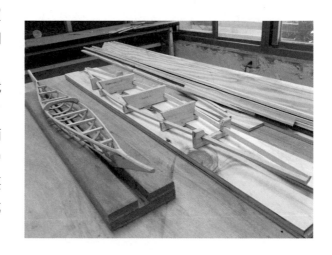

這是因為我一向喜歡跟孩子談夢想，她也很習慣父女討論夢想，所以當造舟變成一個「夢想」、又遲遲沒有做出什麼東西時，她覺得我這個夢想「太遙遠了」。

終於，做好大約五分之一的模型船，同年（2012）十月剛好有一個**台南運河環河賽**，全

程 12 公里。划船的朋友裡面沒人划過骨架蒙皮舟，他們多半覺得這種船是藝術品：伊努特人／愛斯基摩人撿漂流木做成骨架、用海豹皮蒙上，像燈籠的感覺。但現在我們不可能用獸皮，所以改蒙上棉的胚布，再塗防水塗料。

九月，我和張銘隆大哥（1999 年 4 月，台灣第一位獨木舟環島的前輩）同時把實體船做出來（一艘用胚布、另一艘用 PVC 布），離十月底的環河賽不到一個月，必須思考防水問題，雖然書上說可用環氧樹脂（Epoxy），可是我並不熟悉這個材料，就決定用自己比較熟悉且常用的木工底漆試試看。

塗完底漆之後，把水淋上去發現沒有漏水，當時覺得不錯，卻未曾意識到蒙皮是有彈性的面料，它會讓底漆龜裂，使船滲水。結果就是，我帶了一艘用木工底漆的蒙皮舟去台南運河，第一次下水，船的吃水很淺，從船底到船舷的深度只有 18 公分，下水 10 分鐘左右，它已經進水 6 公分，一個拳頭深啊！

心想：「糟糕，這 12 公里可能划不完。」反正我是打定主意萬一沉了也沒關係，穿救生衣把它拉回來！一種阿 Q 性格，實驗看看嘛，雖然很多人阻止，甚至有人送膠帶，讓我漏水時可以貼，沒想到 12 公里划完的時候，水還是維持在

6 公分，緊張歸緊張，也**划完**全程。

不過，中間有個插曲。我拼命的划，顧不得另外一艘用 PVC 布蒙的蒙皮舟（由我邀請的夥伴 Eric 操舟），快到終點時，我開心自己的蒙皮舟還在，並沒有沉，但突然意識到自己沒有等友船 Eric。我知道在「少年航海王」營隊時，這艘 PVC 布的蒙皮舟已經歷過淡水河 10 公里的考驗，應該是沒有問題。可是，沒看到 Eric，我還是有點擔心。

我調頭與所有的船相反方向，沿途邊划邊問：有沒有看到一艘粉紅色的蒙皮舟？忘記自己的船艙內有一半是水，大約往回划了半小時，終於看到了 Eric，才放下心，和他一起划回終點。我心裡想，即使自己因為返回而船終究沉了，也比自己放下夥伴划回終點來得更重要。

原先不看好我的女兒，看到我上岸時很開心，她跟我說：「爸爸，沒想到真的可以划耶，那這樣好了，明年我也要跟你一起造一艘船，然後來參加明年台南運河的環河賽。」

台南運河賽的規定是滿 15 歲可以參加親子組，滿 18 歲才可以參加個人組，但是，當時我女兒才 9 歲半。當孩子有夢想的時候，我不會以年紀為由給她一桶冰水，說：「不可以。」雖然客觀的條件她不符合，距離 18 歲還有八年才能參加環河賽，但我還是直接跟她講：「好！我們明年來參加！」

夢想不能只夢不做

這幾年跟一些青少年溝通，說到：**夢想或目標設定可能有客觀的限制，一些外在給的標準，不代表我們沒有機會去突破它，也不代表一定能突破它，但你必須要試著找方法去突破**，這是我的一個生命哲學，也是我帶孩子的方式。

那一年我就思考：9歲半的女兒如何在明年可以參加？要怎麼帶她造舟？怎樣去跟主辦單位證明我的孩子可以參加？而不是因為她未滿18歲就放棄了。於是，就如此奇妙的展開了造舟之路，從一艘船開始去設計一個造舟的課程，為我的孩子從訓練、划船到製作流程做出相應的設計改變。

把課程設計好了，總要有人來當我的學生，不能只教我女兒一個人，便邀請了台北市勵友中心一起參與。剛好我認識裡面的石志偉主任，就跟他說：「我們來辦這個活動，你去找二十個小孩來。」2013年第一次的造舟營隊就這樣開始，我的女兒參與其中。

完成之後，我們把這個成果給台南運河主辦單位看，我的孩子跟這群孩子其實有能力完成這12公里，因為造完舟驗收的時候也是用12公里，主辦單位看一看說：「還是不行！」我問為什麼，他說：「因為保險公司不肯承保未滿18歲的孩子。」我說：「那太簡單了，簽一個切結書，孩子的生命我們負責就好。」沒想到主辦單位就同意她參加了。後來，每一年她都可以參加。

因為孩子，我的造舟變得不一樣，不僅是為了讓孩子能學能做而設計的造舟與划船課程，更重要的，是裡面的生命教育。

後來幾年才領悟，原來上帝要我造的方舟，是一艘由小舟串連起來的大舟，難怪每次覺得很疲勞不想做的時候，就被推著走，回到造舟的事情上。

其他的造舟工作室可能一對一或一對二教學，目的是幫助你來學習造一艘舟；我設計課程並非針對以「造一艘舟」為目標的人，而是**希望透過造舟，你能產生很多「生命的體驗」，包括其他領域學習的興趣。**

所以有個朋友告訴我說，我的獨木舟很像「一所學校」。什麼意思呢？就是**以獨木**

獨木舟是一所學校

舟的完成為一個核心，在之前發展出各領域的學習，例如孩子在造舟之前引導他去讀有關海洋和舟的文學；這艘舟需要彩繪，所以會有美術老師的參與。

划船跟騎單車不一樣，騎單車約個好天氣就出發，可是划船必須要看潮汐，每天的潮汐不同，還會遇到一些可變因素，例如今天的潮汐流速會幫助你前進多少公里：假設你 1 小時划 6 公里，但這個流速會幫助你推進 2 公里，或者減緩你 2 公里，這要看氣象，因為風也會有影響。

我們要教孩子：「如果你要去划船，就要學會看天氣去跟大自然相處。」

要學會計算，數學的能力就必須養成，要知道固定因素就是自己的速度，可變因素則是今天的風和流會影響多少？到底什麼時候漲潮？什麼時候退潮？是大潮、中潮、還是小潮？這些東西平常很陌生，孩子開始划船就會有興趣去學習，跟數學演算關係密切，加上船的浮力問題、造舟過程很多尺規的丈量、角度的問題等，都自然而然帶入。

抗壓，自我成長──
健康與心靈教育

浮力與容積──物理

工具使用與安全──
生活科學

語言，人際──
國際交流

舟的文學

速率與航程規劃──數學

潮汐認識──自然科學

彩繪美學

　　所以說，獨木舟就很像一所學校，以它為核心發展出多元課程，「主題式教育」即使在體制內，只要把跨領域的學習，由一主題核心發展出一個教學大綱，基本上它就可以改變，當然必須要有跨領域的老師來合作。

造舟造就多元學習力

　　以造舟來說，它需要美學教育，我最近一次的造舟放了三個美學元素進去，用埃及、印第安和台灣原住民的圖騰，彩繪船身；若有的學校是客家大本營，可以把牡丹花和桐花季放進獨木舟彩繪裡。畫一艘舟，其實能把很多美術教育放進去。

　　文學也是如此，想讓孩子的文學素養提升而讀的文章，就要盡量跟孩子的生活有所連結。我記得女兒有一次要背一首古詩，因為是硬背，怎麼背順序都不對。事實上，每一首詩都有一個情境，都有一個畫面，我跟她說：「這首詩你先不要背，我們先來幫

這首詩想一個故事，想一些畫面。」

　　先把一個故事講完，那個順序就不會忘記。如果國文老師可以跟美術老師合作多好！美術老師幫助國文老師把一首詩變成一幅畫，孩子就不可能忘記了。同樣的道理，數學也可以考慮孩子的年紀，擺到他生活裡適合學習的地方。

　　其實十二年國教本來就是通識教育，不是要學生有專業能力，學習與研究的能力才是重要的，等高中、大學再慢慢養成他真正的專業。不管訓練學生什麼，目的都是讓他們在這十二年中產生學習力跟自我的研究能力，所以十二年國教是「探索教育」，而非某一專業領域的教育。

我第一次帶造舟時目標很單純，就是讓孩子可以學會，來學習的很多是高關懷的孩子，可能學習上有挫折感，很需要協助他們找回學習的動機。幾年投入教育工作下來，我發現孩子不是不想學，而是他學不會、沒有成就感，怎麼會有興趣學呢？挫折感不斷的、不停的累積，最後當然會放棄學習。

「手作」造舟，不單是做一艘一般獨木舟出來，手作可以讓他們重新找回自己的信心。

參與讓學習有了意義

有個小六孩子，他完成造舟訓練跟航程驗收後，在發表感言時哭得很傷心，我問他，「是不是因為翻船所以哭得很傷心？」因為他是唯一一個翻船的，但大家幫他復位。他說不是，他說：「我從來沒有想過我這輩子有機會成功。」但他才小六啊，我看著他找回學習的信心。

還有個國二中輟的孩子，不太願意入班，但參與造舟後，一直很興奮地問我說：「老師，還有什麼樣的學習跟獨木舟有關係？」我消遣他說：「你連學校都不想入班了，還談什麼未來學習？不用問那麼多了。」即便故意刺激他，他仍不死心的求問：「拜託拜託，你告訴我。」

我說：「這樣吧，高中有輕艇隊，那也是奧運項目，你還有一年的機會，國二趕快回到學校，利用這一年看有沒有辦法去爭取考體育班輕艇隊的機會。」沒想到隔年，他來跟我說要考試了，希望我為他禱告。我很意外，一來很開心，二來很慚愧，沒想到他真的去做，結果他不但考上高中輕艇隊，國中也順利畢業。

從這兩個例子讓我去思考：要怎麼把造舟帶到一般青少年或團隊裡面？這些年來跟過我造舟的人都知道，大沐老師一定會告訴大家說：「**我們要造一艘不完美的舟！**」為什麼？因為我自己也曾經遇到很多學不來的痛苦和過程，所以知道「學不會」是天經地義的，是理所當然的。

這對團隊教育尤其有啟發性，一艘船通常是四到六個人合作，而六人造舟當中，自然會有些人比較厲害；假設你很厲害，過去常接觸的人可能鋸子拿起來就鋸得很漂亮，以往的經驗我們一定會說：「你鋸得很好，那這幾天都你鋸好了。」

一般團隊是按照能力分工，沒有能力的人怎麼辦呢？第一次鋸子拿起來就鋸壞了怎麼辦？是否他就不用拿鋸子了？可能只好幫忙扶木頭，做一些沒有存在感的事情。因為大家希望這艘舟是完美的，「而且我們要划這艘舟耶，怎麼可以有問題呢？」這是過去我們對團隊做一件事情的想法，平常很多事情也是一樣。

但我會要求：「那個很厲害的，你這幾天都不要拿鋸子！」

那他要做什麼呢？他要做一個「領袖」。團隊裡常塑造一些英雄特質，很厲害的人成為一個「英雄」，獲得掌聲，優越感不斷被建立；相對不厲害的人，他的失落感和不存在感就會很重。一個團隊裡面不乏英雄，缺少的是「領袖」，現代教育沒有教導孩子成為一個謙卑的領袖。

各種成績表現、各種個人的自我成果，都是英雄的訓練，而不是領袖的訓練；我的造舟課裡面，會告訴這個英雄：「你要成為領袖，領袖其實就是要成全團隊，所以你從這個時刻開始，把你很厲害的事情，請教給那個不會的人。」

「此外，你還要學習忍耐，因為你要忍耐別人做不好。」這對他來講可能很痛苦。記得我帶過的造舟團隊裡面，有個大二的女孩，在造舟的一個禮拜當中，每天要出去外面哭泣 1、2 小時才回來，因為她太完美主義了，她沒辦法接受船是歪的。當沒有多餘的材料時，鋸壞了就要想辦法接上去，萬一船做得偏左，划的時候就稍微多划一點右邊，把它修正回來。有問題就要想辦法解決它，我會說：「你一定有辦法。」

第一艘船做不好算「合理」，我們現在的教育強調卓越的學習，但不是每個孩子都能很快地「卓越」，應該是要「Good enough」就好。若把標準拉很高，學習空間反而很有限，孩子的挫折感會一直累積；**在一個好的標準底下，讓他有機會更好，這樣每個人的學習空間就會很廣大。**

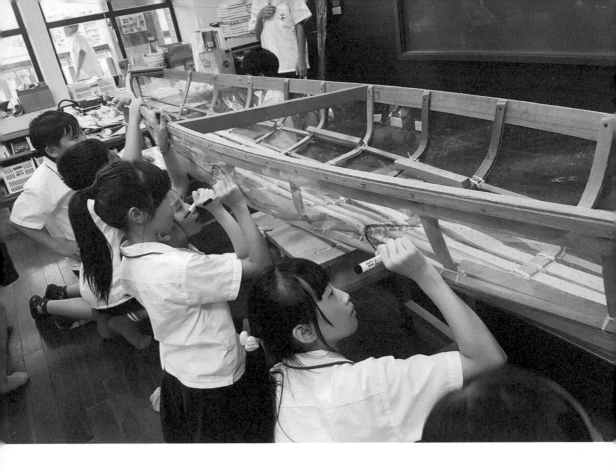

很多家長問我，「我的孩子幾歲可以
學？」原本設定在我女兒學習造舟的年紀，
大概9歲、小學中年級左右，後來想想：為
什麼不能往下修呢？

於是，我思考從小一開始嘗試，但很
多人會說：「小一連工具都握不穩怎麼造
舟？」、「你給那麼小的小孩拿這種危險工
具，電鑽啊、鋸子啊、鐵鎚啊、還有釘槍，
多可怕，那危險性都很高的。」、「怎麼可
以讓他們操作這些東西？了不起在那邊玩一
玩、扶一扶木頭這樣很好了⋯⋯」

幾歲可以造舟？

孩子需要信任與陪伴

其實，一個孩子能不能掌握一個工具的安全性，並非先教他怎麼使用，而是**要把孩子跟你之間的「信任關係」先建立起來。**

假設小孩跟爸爸說：「我要用這支電鑽。」通常爸爸會回答：「不行，太危險了！你還不可以用這個。」這句話對這個孩子來講是一個否定。

大沐老師的回答則是：「可以。不過，你得等我告訴你怎麼使用，我示範給你看。」

不管是操作電動或手動機具，我都會握著他們的手，告訴他使用這個工具需要什麼樣的節奏、什麼樣的力量；接著，當我把手放開的時候，他會突然發現自己沒辦法掌握好。

於是，他就知道，他沒辦法「一雙手」掌握工具。這時候我再告訴他：「那

老師請另外一個同學跟你一起用。」他很清楚「兩雙手」才可以等於「老師的一雙手」，這樣的過程是建立在一個我跟他的信任和互動。

　　通常孩子經過我這樣的一個指導，他為了取得我的信任，就會表現得非常認真、專注，不會亂使用工具。所以，你說造舟的年紀有沒有下修？有沒有限制？幼稚園小孩連手指都不協調當然不可能，但也不要拒絕他，可以帶著他陪伴手作，或帶著他一起划船，所以我說小一是有機會的。

成人需要理解和鼓勵

　　至於成年人的造舟課，則存在一個更大的問題。他們過去的經驗背景、對工具的操作，可能已有其邏輯和模式，不是不好，但因為是團隊造舟，必須在相同條件下，才能夠滿足生命教育及團隊教育的部分。很多大人忍不住會帶他的「秘密武器」來，可能我說這次不要用刨刀，他卻還是帶來用，我會對學員說，「不是不能用，而是在這次團隊裡面，我們可能沒辦法用這個模式來造舟。」

畢竟，目的不是把船修飾到多美，而是要考慮每個人的能力，如果讓你用了工具而別人不能用，使得他人心裡暗自也想用，可能就影響到造舟的進度。甚至有時候，還被誤會老師只教簡單的，好像偷藏了技術，其實不是，在不同的造舟團隊裡面，有不同的能力狀況，我會彈性調整工具的使用。

還有中老年人，覺得自己年紀太大可能做不好。但我倒覺得還好，我常在一些不同的地方演講時會鼓勵長青的長輩說，「其實我覺得划船最適合你們。」他們問為什麼？我的回答是：「反正你們划不動就把槳放下去讓它飄，你只要潮汐算對，就會飄到你要到的地方。除非你逆流，反正潮汐有漲潮退潮，你就漲潮和退潮的時候，各往你要去的方向安排就好了。」

我們常會八股的說：「失敗為成功之母。」但你要知道，失敗是很痛苦的，那是一次又一次的打擊，**如何失敗還能堅持？就是對夢想執著和不能放棄**。在划船的過程裡面，我記得有個孩子在一次分享會上說：「我從來沒有想過，生活當中有一個選項叫做不能放棄。」

逆水行舟不進則退

挫折感是常有的事，尤其青少年一遇到挫敗，可能就放棄了，做不來就算了。可是划船不一樣，一個人划一艘船，即便兩個人划一艘船，還是要從 A 點划到 B 點，沒有人可以幫，老師唯一能做的就是鼓勵他。

可是很多孩子划一划覺得很累就想放棄，有一次划船沒有遵守潮汐的時間，本來順流變逆流，划得很辛苦，其中一個划了 10 分鐘說：「老師，我受不了了，不想划了！」

我只能陪著他，結果不到 1 分鐘就回到原點了，我們划了 10 分鐘，1 分鐘就被拉回原點，可見大自然力量有多大。「怎麼辦？」他問。

我說：「你沒有辦法放棄，我能做的也不會要你放棄，只能陪你，也不能拉你。」在旁邊拼命地鼓勵他不要停槳、不要停槳，即便速度是慢的，但它有機會前進；一旦停槳沒有前進，它就會往後退。「不進則退」四個字我們常聽說，划船時就能深刻體會，真的很可怕。

還有船的穩定性，船什麼時候最容易翻船？即使你沒有在划，不同的風、不同的浪和流從四面八方來，沒有前進的動力，就沒有方向，船便會隨波逐流，甚至翻覆；當你的槳開始下去往前進，只要速度產生了，船就穩定了。

划過船再來問青少年說：「是不是這樣？」那些似懂非懂的生命哲理，過去無法體會，划過一次船以後可能會驚嘆：「哇，真的是逆水行舟、不進則退耶！」

這就是幾年來我帶人划船和造舟時一個很重要的提醒，想讓大家認識這塊土地，認識自己的生命。

我和孩子們的
造舟之路

造舟,可以滿足一個高峰學習經驗。
現在青少年需要的就是高峰學習,
需要透過不同的方式去改變他,
用這樣的經驗去累積他追求卓越的可能。

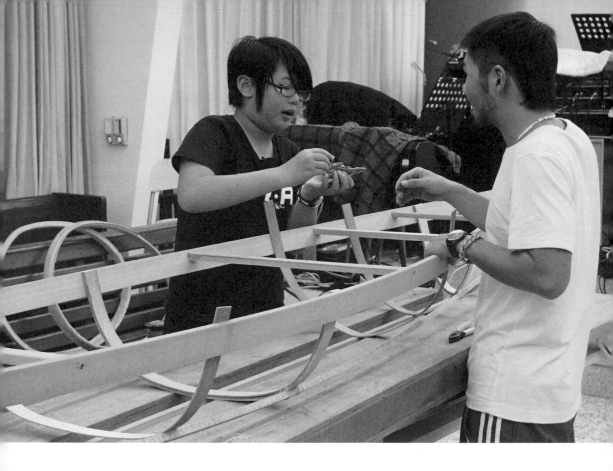

少年
航海王

「少年航海王」營隊是我第一次帶領的團體造舟，這營隊的誕生源起於當年我 10 歲的女兒也想跟著造舟，但我若一個人帶著她造舟，可能父女間的分工不均，如果我過度工作而她少做，會使她容易依賴。從教育角度而言，我覺得她所學的東西會很有限。

我便開始思考，如果一群人造舟，她分配在某一個小組裡面，以她的個性，在團體裡是不會過度嬌寵的，不會把重點放在我這個爸爸身上，因為我要協助所有人完成。所以，我就想設計一個團隊造舟的課程。

可是人要從哪裡找呢？我實在沒有時間和精力置辦一個營隊招生，行政投入是我無法分配的，如果能夠找到經費成立一個專案，比較可行。這時我想到了台北市基督教勵友中心（以下簡稱「勵友中心」），討論共同舉辦「少年航海王」造舟營隊的可能。

勵友中心是針對可能中輟的高關懷青少年做課後輔導，跟社會局有長期合作，所以能夠找到一些重點孩子來造舟。所謂「重點孩子」是指那些對讀書沒有太大興趣、在學習過程裡挫敗的孩子，這樣的孩子都是我的重點目標。

體制內教育常常讓很多孩子無法滿足學習的需求而產生挫敗感，被責備成績不好，數落他們不愛念書、懶惰、不用功，可是事實上很多孩子成績不好的原因很複雜，體制內照顧不到這些原因。

舉例來說，有些家庭失能的孩子，哪有辦法好好讀書？有些是家裡真的貧窮，爸媽忙著工作照顧不到孩子，愛讀不讀隨便，所以他遇到學習障礙也無法尋求支援，這樣的孩子學習時就會有很大的挫敗感，我為什麼會知道呢？因為我是過來人。

我的挫敗經驗

我小學時成績還不錯，在國一常態分班以前，考試成績沒有低於前三名，但是到了國二、國三被分配到所謂的資優班，以前叫前段班、A段班，造成我很大的挫敗，因為很多東西需要理解，無法理解就需要很多練習，哪裡能滿足這樣的需求？就是大家都會去的地方：補習班。

如果在你國二時，家裡沒有一個很厲害的人可以教導你數學和理化，只要一個階段落後，你就跟不上進度了。我就是在這個狀況下跟不上學習，因為我們家沒有錢讓我補習，所以看不懂參考書，不知道怎麼解題，最後只能背公式。

我曾經在班上問老師數學題怎麼解？老師給我的答案是：這麼簡單的問題怎麼會在這個班上問呢？我已經鼓起很大的勇氣發問，卻得到這樣的答案。當時的

我還繼續追問，而老師給我的回答則是：你為什麼不去補習班？

現在的我都快 50 歲了，仍清楚記得國二這件事。

老師給我的兩個答案，都不是我要的答案，而且也不是我能夠解決的。

後來，我國二成績越來越差，沒辦法趕上進度，回家也沒有人可以問。我雖然沒有家庭失能，但父母親是工廠的作業員和伙房，每天勞累工作，只求能讓孩子溫飽，哪有時間管孩子的功課，只要孩子不變壞，他們就覺得很好了。

在這情況下，我的國二學習遇到很大挫折感，理化和數學都是這樣，只要某一個關卡過不了，就只有接受責備和打罰的份，即使在學校因不會寫講義而求助同學，他們也沒有空理我，大家都要忙著下一堂課的考試。唯獨文科還勉強可以，因為可以用背的。經過多重的打壓與挫敗下，我也曾問老師可不可以幫我轉回 B 段班，老師沒有答應。我不敢把這些問題帶回家裡，卻在國中那麼小的年紀要獨自去面對。

還好我有信仰維持，沒有變壞，也覺得自己並不是壞小孩，卻被責備成一個不用功、懶惰的小孩，因此我很清楚什麼叫做挫折感，什麼叫無能為力去改變。不是我不願意，我很認真想要去突破，可是沒辦法，因為家裡沒有錢給我去補習，家裡沒有一個可以讓我問的人，在學校老師也用否定的角度來看我。

因為這樣的歷程，讓我深刻知道孩子的挫折感，遇到孩子學習能力不好時，我會多一點去了解，他到底是真的不行？太混？還是他無能為力？

把「我可以」放進孩子生命裡

造舟，可以滿足一個高峰學習經驗。 現在青少年需要的就是高峰學習，需要透過不同的方式去改變他，用這樣的經驗去累積他追求卓越的可能，不管是讀書或其他不同經歷，包括對自己小孩的教育也是。

因此，我希望透過「少年航海王」營隊來讓這些重點小孩，**能夠從挫敗感中找回自我信心，把「我可以」這件事情放在他的生命裡面。**

我知道很多青少年會認為「我不可能」。其實我不是教育專家，也不是青少年輔導專家，我只是一個學電子工程的，而且是被迫學的，因為親身經歷中學那兩年的挫敗感，才明白這些孩子不是真的不願意。

從我的生命歷程延伸到現在的造舟，一方面教我自己的孩子，一方面實驗看看。沒想到造舟營隊的舉辦真實改變了這群年輕人，他們很多人都是被家長騙來或被少觀所的觀護人逼來的，二十個孩子裡面只有我女兒知道她為什麼要造舟，其他人都莫名其妙就來了。

本來 2013 年「少年航海王」營隊專案跟社會局申請的是三艘船的造舟經費補助，以為模型階段會篩選掉一半參加者，剩下一半的人應該是做三艘船剛剛好，沒想到本來那些不願意、被迫來的孩子，做完模型後，竟然每一個人都央求留下來做大船！

但我們根本沒錢，包括住宿、伙食、材料都變成負擔，當孩子告訴你「他願意學習」時，你怎麼拒絕他？所以就算賠錢、倒貼也讓孩子都留下來，於是變成造六艘船。

我們的船要一起做好

我既非社工也不是教育專家，唯一能做的是用我的生命力和我的經驗軌跡，去告訴他們什麼「可以」。很多人對生命的挫敗感是來自於他沒有成功過，你想想看，當所有的環境都在否定你，你如何產生自信？

這次造舟分成兩階段，第一階段是五天四夜，回去休息一天後再來，所以是兩個五天四夜：第一個五天四夜做小船，第二個五天四夜做大船。所以他們的訓練比後來辦的造舟營都要扎實，因為每天早上都要去划船，而且是唯一驗收 9.8 公里的造舟營。

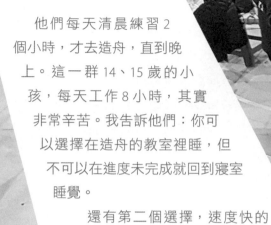

他們每天清晨練習 2
個小時，才去造舟，直到晚
上。這一群 14、15 歲的小
孩，每天工作 8 小時，其實
非常辛苦。我告訴他們：你可
以選擇在造舟的教室裡睡，但
不可以在進度未完成就回到寢室
睡覺。

還有第二個選擇，速度快的
可以去幫別人的忙，所以我給他們
訂定一個團隊的總量目標。在台灣
的教育裡面，一般團隊造舟都不是
總量目標，而是用各組目標、各組競
爭，這是我一直在講「DIT」的遺憾。
我們的「Do It Together」雖然比「Do
It Yourself」好一些，在進到 DIT 以前，
必須要有 DIY 的能力；DIY 在模型的時候
養成，DIT 在大舟的階段養成。可是在 DIT
時，大家仍以團隊的那一組為目標，而不是
總體目標。

這是教育的一個常態，DIY 的時候是個人
競爭，DIT 的時候是各組競爭。但我強調的是，
DIT 時並沒有競爭性，因為是總量目標；意思是
說，我們這一梯要完成六艘船，每個人只是分配
到其中一艘船，不等於你的船完成了，目標就完
成了。

所以當你這艘船完成或進度比別人快的時候，你要去協助別人的船，而不是去比較我的船跟你的船誰比較好，每一梯造舟都難免發生這個問題。我一直強調「我們的船要一起做好」。

基本上，**「總量目標」這件事在教育上很少被建立起來，而我希望透過造舟想讓他們知道。**所以他們一天要工作 12 小時，很累，可以輪流休息，累的人自己休息，唯一全體休息時間是三餐吃飯，這跟爸爸媽媽在外面工作型態很像。

我想讓他們體會：父母親在外面工作就是這樣子啊！他也沒有那麼愛工作，他也是上班打卡後就一直工作，直到吃飯時間才可以休息，他沒有像你在學校那樣，上課 50 分鐘休息 10 分鐘，一上工就一直工作，吃個飯休息一下，沒什麼午休時間，自己吃得快，打個盹，繼續工作，工作到下班。

教育不是為滿足孩子的成就，教育也要幫助孩子去體貼大人，不然他怎麼去懂得感恩呢？現在的孩子不知道什麼叫做付代價，不斷被給予的過程裡面，他忘記自己要付出什麼樣的代價，他忘記別人為他付代價要感恩，覺得一切理所當然。他們欠缺一個提醒。

我的造舟課就要讓他們去思考這些問題。

我們每天會有反思，坦白說，辦在學校的營隊比較難做反思，只要是我自己帶的營隊，都會讓他們每天晚上反思，再累也要。今天各組的哪些過程需要檢討，這樣的反思可以讓他們發現過去所沒發現的。

一個禮拜的造舟課程在生命過程中很短暫，卻是非常密集的相處，彼此連結很深，有很好的生命互動，這就是我想建立的生命教育。這樣的「少年航海王」，成就了我後來所進行的造舟營隊。

在嶺頭山莊時，我希望每年都能找到一些單位願意到山莊來上課，也想開設營隊成為特色課程，可是一開始要請大家到山莊上課有點困難，比較容易的方式是由我主動去外面上課，等他們覺得可行，再上山。

當時我在陽明山國小擔任家長會長，透過介紹認識了關渡國小吳文德校長（孩子們親暱的稱他為大花校長），因緣際會觸動了推廣造舟的關鍵，使得後來2014年暑期「海洋之心」造舟計畫有了更多曝光率。

海洋之心
與淡水
啟航

南台灣運河競賽

「海洋之心」緣起於我們想做一個山海計畫，雖然陽明山不可能造舟，但關渡靠海，可以把我們的學生帶到關渡國小，所以我直接帶著獨木舟去拜訪「台北市海洋資源中心」和大花校長，分享「少年航海王」營隊成果。於此，才開始討論以師生造舟為目標、設計造舟的暑期營工坊。

2014 年第一屆「海洋之心」，因為擔心師生沒有經驗，所以參與者都是老師，沒有小孩，做的也不是雙人舟，而是單人舟。我們邀請十所學校，每校出四個老師，花一個禮拜時間來做海洋舟。

當然一開始還是在摸索階段，因為「少年航海王」營隊的舟身比較短，材料的準備都是買現成的木頭去剖、去鋸，鋸壞了很多，光備料就灰頭土臉。而「海洋之心」因為有預算，請木材行開了一些規格品，所以船身可以做得比較長，約 4.8 至 5 公尺。

海洋舟完成後，以同年（2014）十月的第三屆台南運河環河賽，作為遠程驗收，成果不錯。

北台灣輕舟啟航

其實在 2014 年「海洋之心」舉辦前，還穿插了一個大活動，我們在六月時找新北市運動中心舉辦「淡水啟航」。

為什麼會跟新北市運動中心產生連結？這就要提到 2013 年「少年航海王」營隊，當時需要做泳池訓練，但那時候沒有游泳池願意出借，而新北運動中心的黃總監「福哥」聽到我們的計畫覺得很好，大方出借運動中心的游泳池。也因為這個合作我去參加了救生員訓練，才連結到東區中華民國水上救生協會做戒護，很多元資源得以整合。

有鑒於南台灣有台南運河環河賽的獨木舟盛會，就想說不如在北台灣也辦

一個淡水河的獨木舟大集合吧！福哥覺得這活動很有意義，在 2014 年端午節前夕，我們與新北市運動中心聯合舉辦了第一屆的「淡水啟航」，並把去年的「少年航海王」造舟學員、台東「孩子的書屋」跟我們的人都帶過來划船。

造舟友誼的啟航

記得我在 2013 年「少年航海王」遇過一個挫折感，當時想帶學生到台南參加環河賽，但獨木舟不知道要怎麼運輸。後來，透過小謀老師（謝智謀老師），剛好問到有位大叔的專業是做「尾車」，他做過許多可以幫忙拉腳踏車的尾車。

所以那次在「淡水啟航」時，我找他設計一個能拖曳十五艘船的尾車，大叔一口就應下說沒問題。

他問我：有沒有車可以拖尾車？我說沒有，但沒關係，這個小事，尾車先解決，之後再找。他接著又問：尾車有沒有預算上限？我又回答沒有，請按專業去做出來，可以拖就好了。

「那太好了！」對他來講，客戶沒有預算上限是最好做事的。接下來他再問：什麼時候要？我說希望在端午節那個「淡水啟航」時有尾車可以用，大概只剩下三、四個月而已，不到半年時間，他評估一下說時間應該夠。

最後換我問他：大概要多少錢？我要去找錢，因為我現在身上沒有錢。沒有預算，所以沒有上限，你先跟我講多少錢，我才能去找錢。

一般人是有了預算才有夢想，沒有預算夢想都是假的，所以這輩子都不會行動，因為覺得要存夠錢才能去做。但基督徒講異象，異象就是說上帝在我們心裡面放了一個夢想，或一個目標，異象強烈具體可做的，就應該去做，在做的過程當中，各種資源就會來了。

這是我堅信，不單只是信仰，包括我的人生目標也是這樣，就像有人常說**「當你開始做了之後，全天下或全宇宙的人都會幫助你」**，很多人雖然知道這句話，可是沒有執行能力。我跟大叔說：「你就去做就對了，做了，我相信錢不會是問題。」

結果大叔的反應是：好啦！再說。

沒想到在「淡水啟航」活動開始前，大叔就說尾車做好了，還親自開車從中部拉到台北來。但他還是沒告訴我要花多少錢，他就先做了，事後才聽說應該十來萬。總之，我們在「淡水啟航」時，第一台獨木舟專用的尾車已誕生，也算是歷史性的一刻吧！

後來，2014 年「海洋之心」遠程驗收時，要去台南參加第三屆環河賽，就已經有所謂的「尾車」能幫忙運舟南下了。

此外，在「淡水啟航」舉辦時期，我們也邀請很多協會、舟友來幫忙，其中孫浩教練是所有參與者裡面最投入、最配合的人，他展現了無私的協助力，幫忙出貨車、搬船，我和他漸漸熟識並建立起互動關係，也因此在第一屆「海洋之心」，我直接邀請他擔任泳池划船教練，還包括協助備料。從 2014 年開始，到 2018 年的這五年當中，孫浩教練在訓練、載舟、驗收等階段都很重要，不只是合作夥伴，也是參與最多的重要搭檔。

「淡水啟航」可以說是我積極推動獨木舟造舟營隊開始之前，一場整合眾多人力的關鍵點，福哥、大叔、孫浩教練，各方機緣交集於此，彷彿活動結束，我們這群人的造舟人生才真正啟航。

最早的 2013 年「少年航海王」營隊畢竟是我們自己辦的，型態上比較著重在「凝聚團隊」（Team building），可謂是青少年生命探索的一個營隊。像這樣的自辦營隊後來在廈門街教會、桃園士林靈糧堂、花蓮美崙浸信會等機構舉辦，才可以做比較深度的「凝聚團隊」引導反思。

2014 年「海洋之心」則是以學校的研習為重，比較難作深入的青少年生命教育。如果說，重點放在教導如何造舟，有一個高峰學習，然後去認識海洋；其實，「少年航海

從單人舟
到雙人舟

王」和「海洋之心」這兩個營隊用的工具是一樣的，但是在內容的著力點還是有些微差別。

河流舟的造舟型態轉變

有兩個比較特別的案例，一是國北實小的河流舟（Canoe）造舟計畫。2015年「海洋之心」營隊裡的詹羽菩老師，回到學校後有心延續造舟精神，協調班上的任課老師，用一個禮拜時間，以造舟為核心，把美學、文學和工藝做整合，頗有「獨木舟學校」的概念；首先做好行前教育，再透過一週造舟做驗收，共完成三艘舟，已然算是一個主題式教育。

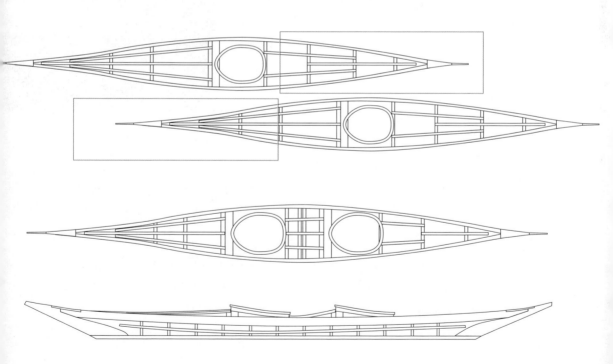

　　第二個案例是 2016 年遠見雜誌的翻轉教育計畫，帶領關渡國小六年級近兩百名學生的河流舟造舟。這次是人數上的大挑戰，在一個有限的空間裡，怎樣讓學生操作安全又能夠準時完成，無疑是一大考驗。因此，在造舟的設計、課程調整、和工序上，都是一個轉變。

海洋舟從單人做到雙人

　　以 2015 年都市人基金會的「海洋之心」營隊為例：三月到四月，一群弱勢少女預計以拼條舟和獨木舟環島。但拼條舟曠日費時，而且能參與的人很少，基金會王克威牧師執行長看到「少年航海王」和「海洋之心」的經驗，便邀請我來教她們做雙人的格陵蘭獨木舟。

　　她們這次造舟目的並非環島，而是想把船帶去蘭嶼，教導蘭嶼的青少年划船；由於是長時間的航程，所以兩兩一組比較好。此外，也希望她們可以跟著從頭到尾完成一艘船，因此我嘗試設計出兩個艙口的雙人格陵蘭獨木舟。

　　格陵蘭舟基本上是以單人為主，在網路上幾乎沒有看到雙人的格陵蘭獨木舟，所以這也是我的首次嘗試。為了重新設計課程，我第一次花錢買舟給自己划，買了艘二手的雙人海洋舟來研究。但雙人舟買來我也從沒划過，主要是沒有機會划，而且每次出去都還是划自己造的舟，那艘買來的船就留給別人划了。

　　經過這次的造舟思路開發，隔年「海洋之心」營隊就開始改做雙人舟，反而較少造單人舟。因此，2016 年是海洋舟的一個特別轉捩點。

　　「海洋之心」從 2014 年啟動到 2016 年，已屆兩年，對計畫審查委員來講沒

什麼特別的，所以我跟大花校長提議，第三年的蒙皮改用胚布縫製取代 PVC 布，只是時間需要兩週。針對一個研習課程要耗掉老師兩週時間，是有點困難的，等於第一週我們依照表定行程把骨架做完，第二週要蒙皮、縮水、彩繪、輪流排班來做，所以 2016 年「海洋之心」是延續了兩個禮拜的時程。

後來，發現花費的時間實在太長，於是 2017 和 2018 年「海洋之心」又回到原來的 PVC 塑膠布造舟方式。

至今，延續有五年的「海洋之心」，發展脈絡從本來只提供小學，延伸到國中、高中和大學；第一年只有老師參加，第二年開始是國小師生協力，第三年之後逐漸的擴大學齡範圍。

希望
學園

　　2015 年苗栗家扶中心的「希望學園」造舟營，同樣是一個比較特別的例子。主要是時間很短，本來的七天造舟計畫已經改成六天，又因為遇到颱風再縮減為五天，因此這一梯的獨木舟就不做海洋舟（Kayak），改做河流舟（Canoe）。

　　這次的造舟團隊成員，多半來自所謂的家庭失能、隔代教養，甚至有來自犯罪家庭的小孩，其中還不乏自己有過犯罪背景、曾進出監獄的青少年。家扶中心看到我們先前 2013 年與台北市勵友中心合作過造舟營隊，覺得對青少年的改變頗具成效，因而督導和社工也來跟我談合作計畫。

　　然而，他們很擔心孩子們會不會耐不住這五天的營隊，所以先聊一聊這群孩子的狀況，並給我一些行前建議，如果這些孩子比較不配合，希望我多些包容。

當然這些建議是很受用，但我其實一點都不擔心，因為在我們的造舟營隊，所有時間和心思都會放在造舟上，很難有機會去想其他事情，除非他沒事幹。

混合學習的實驗

家扶的孩子被分到做三艘船，可是這個營隊做了四艘，因為我希望進行一個學習性比對。如果只讓家扶孩子一起做，他們原來就互相認識，在這個團體裡面沒有可以學習和觀摩的對象。於是，我找了另一群「外人」來做第四艘船。

我希望做第四艘船的這一群人,可能有的是他們長輩、有的跟他們同年紀,這當中就包含我女兒,還有一個跟我女兒同年紀的女生。家扶的孩子是一群國中男生,而我女兒那時才小六,所以我也有很大的壓力,不但全程繃緊發條,還讓另一個女孩的爸爸知道狀況並請來一起參與。最後,組成了一個「老弱婦孺隊」,有企業老闆、有導演、有導演的女兒和老師的女兒,還有牧師。

當時的想法是混合教學,讓他們有一個不同的樣子可以觀摩,看別人跟他們有什麼不一樣。同時我也相信,這群家扶孩子就跟當年參與「少年航海王」的勵友孩子一樣,有一半屬於高關懷重點青年,另一半是屬於家庭正常、學習正常的小孩。而這些有狀況的孩子比較容易感受到那些「正常孩子」的不一樣:假設他是一個重點青年,他應該很容易看出那個孩子是正常小孩。

正常小孩其實敏銳度沒那麼高,可能不會發現有誰是不一樣。基於這個理由,我希望孩子們大家一起造舟,本來在學校不可能成為朋友的同儕,其實是有機會合作造舟。當然,這是一個實驗。

在一般的學校環境,他們會被標籤化,正常小孩也可能一起標籤化他們,因為學校會幫他們做出「少跟他們在一起啊」的標籤,但我們在營隊裡可以打破它。對這些孩子來說,是另類的關懷和鼓勵,「這個社會並不是真的把你們忘記」、「你們並不是真的交不到這些朋友」。這是我們的一個期待,後來發現這個型態是可行的。

我相信你不是故意的

果不其然,這群孩子來造舟的第一天,三艘船就自動分成三個派別,三個領頭人一來就跟我客氣地商量,希望造舟期間要有時間可以放風,讓他們去抽煙。我也客氣地回說,放風時間可以,要定時定點,比較遺憾的是沒有煙灰缸給他們用。他們不假思索地說,這個問題他們自己想辦法。

我心想,在這個前不著村、後不著店的山莊,怎麼去生出煙灰缸來?結果造

舟的第一天，在還沒有正式造舟的時候，他們先做了一個很可愛的競爭，就是把造船的材料拿來做煙灰缸。我也沒阻止，因為對我來講，這也是很新鮮的事，他們還很可愛在比誰的煙灰缸比較大。

三組人馬形成三個勢力，三個老大，三組小弟。很快地我發現跟他們相處有一些不同的方式，**我通常是站在一個信任的角度，而不是防弊**，現代社會最大問題就是經常用防弊取代信任。

雖然這樣聽起來有點單純，但事實上我帶青少年造舟要用到這麼多工具，都是危險性的，像是手鋸、電鋸，如果你沒有站在信任他的角度，反而更容易出問題。有時候目的雖然是防止孩子受傷，但學生會覺得：「老師，你不信任我，既然你不信任我，我又為什麼要讓你信任呢？」形成一個負面的關係。我帶營隊時，寧可選擇一個信任的角度，相信你做得到，可能你會弄壞東西，沒關係，我常說：**我相信你不是故意的。**

正向的激勵力量

當家扶孩子跟第四艘船的人互動時，我們發現，因為有一群不一樣的人在造舟，而激起了自我的榮譽感：第一、不可以做輸人家，第二、做不好會沒面子。這都是一種正面的刺激，甚至因為第四組不是老的就是小的，不是當爸爸的就是12歲小女生，基本上能力應該沒有他們好，還可能需要他們去跨組幫忙。

故事發生在造舟之後，我跟家扶中心聯繫要帶著孩子划他們自己做的船，去埤塘撿垃圾。我記得第一次去撿垃圾的時候，家扶很貼心地聯絡了清潔隊，在我們撿完垃圾後要把垃圾收走。我們撿湖面上、埤塘上垃圾的時候，真的是惡臭，這群孩子也不客氣，邊撿邊罵髒話：髒、噁心，撿一個罵一個。

你也不能阻止他們罵，因為確實是很髒，有一些釣客的魚餌、垃圾袋、魚線、酒瓶、飲料瓶、寶特瓶等，都散落在埤塘的周圍。所以第一次撿垃圾是豐收的，但沒撿完，實在是時間不夠。後來，又有了第二次、第三次，我們相約每個月去划船撿垃圾一次。

在第四次相約撿垃圾時，有了一個特別的迴響，有個孩子才開始划船就飆罵了：沒垃圾是叫我們來撿什麼？說了這句話後，他們發現沒垃圾可以撿了。我心裡想的是，我相信這群孩子透過造舟、划船、撿垃圾的過程，他們開始相信自己有改變社會的能力。

這事件之後，家扶的做法也很棒，鼓勵他們通通都去參加救生班，多數孩子也都考上救生員，我覺得這是很特別的一個改變。救生員訓練很辛苦，我問過一個孩子為何同意參加？因為他們發現原來自己有能力改變環境，這就不一樣了。

在過去，這群孩子可能常常會被責備是社會的敗類，或是社會的不良分子，或說沒有社會價值，怎麼可能認為「我有能力改變環境」？如今，因為撿垃圾撿到都沒有人要丟垃圾了，因為行動而改變大埤的環境變乾淨了，對這群孩子是有正面的影響。因為他們看到了改變。

現在青少年沒有自信心，除了學習的挫敗感外，其實他們也是會想「我能夠為這個環境做什麼？」為什麼我們常常聽到很多國外的小孩子，10來歲就影響上百萬人、去改變這個世界，而我們台灣卻幾乎沒有？因為我們沒有給孩子這種學習經驗，也沒有鼓勵他去做這些事情。

如今，當年的這些家扶孩子，有的人去讀大學，有的人在店家打工，我有時候回去看他們就覺得滿開心，因為我看到了一種奇妙的改變力量，讓他們重新找到自己社會價值的可能。

因此，這一梯次的造舟帶給我很大的感動，不只因為造舟的時間短、或年齡過小的也可做河流蒙皮舟，更因為這就是我希望透過造舟所看見的改變，讓他們發現自己的視野已有所不同。

商業與
理想兼具
的營隊

2015 年，親子天下看到這些青少年造舟的成果，加上苗栗家扶這一梯次的第四艘船成員裡，有親子天下執行長的先生和女兒，我們剛好也都認識，知道我正在用造舟改變一些青少年，希望把划船、造舟放進他們的營隊，因而有了 2016 和 2017 年親子天下的河流舟（Canoe）造舟營隊，這算是第一次正式、商業性的對外招生造舟。

之前都是有經費、有預算，由非營利組織或教育單位、教會單位主辦，參與者基本上不需費用；到了親子天下這兩梯次，每個

家長要自費讓孩子來學習，而且一個人要花 2 萬多元，因此如何兼顧商業與教育理想就成了一個重要的思考。

引導反思的教育方式

談及教育理念，親子天下營隊與我都希望可以有反思的部分，因為 2015 年親子天下做了翻轉教育和創客（Maker）的報導，而且同年（2015）八月，我還陪同採訪團隊到舊金山去了解一些創客營隊，待了將近十天，也參觀一些大學的創客教室，發現他們在創客教育並不是單純商業考量，而是有他們的理想在。

站在老師的角度，我當然希望課程不是只有 DIY，而是能夠引導反思，不只是開心勞作就好，不要一個東西做完就走，要多用一點時間來做教育。最後拍板的定案，是由親子天下對外招生暑期造舟營，重點是要有「隊輔」。

親子天下營隊本來就有隊輔，因為要過夜，所以隊輔要負責生活管理，陪伴學員們吃住行，我只負責專業的教學。不過因為擔心學員的適應能力，2016 年暑假營隊並沒有過夜，仍是白天造舟，晚上回家，所以那一次做得比較辛苦。

但我們還是有引導反思，每天在營隊結束前都一定要聚集，去反思你和團隊之間互動的關係，你自己有沒有什麼失落感？有沒有什麼不存在感？或是你有沒有什麼怨氣？等到孩子都送走後，我還要跟隊輔做一個會後會，所以雖然六點孩子都走了，我們可能討論到八、九點。

每一天我們都針對孩子造舟的狀況，做個別了解，其實大可以不用這麼做，**因為希望孩子在造舟過程中，得到的不只是有歡樂經驗，而是根據每個人不同的性格特質都能被照顧到。**

2017 年暑假營隊就有過夜了，跟孩子之間的關係也比較能掌握得住，因為我們做的是河流舟，晚上時間多一點，就由隊輔跟他們建立比較深的關係，隊輔都是比較有經驗的輔導員，可以帶團康、帶領一些「凝聚團隊」，增加彼此的熟悉。

協調孩子的配合度

　　這兩梯次營隊都是做三艘河流舟，一艘舟四個人做。基本來說，有能力參加這個營隊的小孩家裡經濟狀況都不錯，相較於我過去所帶的「重點小孩」，不只乖巧，也較聽話，配合度很高。

　　營隊中當然也有比較嬌寵的孩子，老喊著：「我就是累了、我就是不想做了。」一般的暑假營隊都是放孩子出來玩，攀岩、攀樹、溯溪都很好玩，不會無聊、不會覺得乏味，只有我的造舟營隊有三天是叫你「工作」。

　　這些孩子一開始拿到鋸子覺得很新鮮，鋸木頭很好玩，可是鋸一整天就不想鋸了；彎一根肋骨也是剛開始彎很有趣，重複彎到第十一根，就不想彎了。也就是說，這個營隊不是來「玩」。這對平常比較受寵、習慣鬆散的孩子而言，就會很痛苦，怎麼讓這些孩子繼續留下來做，是我和隊輔要發揮的智慧。我們每天都要討論哪一個孩子需要特別對待，哪個孩子需要私下協助。

　　另外一種需要被協助的小孩，則是本身自律性很強、很認真的小孩，萬一他被分配到有嬌寵小孩的隊裡，會覺得很不公平。為什麼別組是四個人做，而我們卻兩個人做？因為另外兩個都不想做。所以遇到這情況時，我們要鼓勵一直在做事的小孩承擔多一點責任，協助他把那種不公平的心轉化成協助別人的心。

　　長時間相處所面臨到的問題是很瑣碎的，不是單純帶一個造舟營隊就好，遇到不想做事的人，先從鼓勵到曉以大義，再不然就得跟他談判了。談判就是對他說：「如果你真的不想做，那你要不要乾脆回家算了。」把人給趕走，這是一般營隊不敢做的事，我也跟親子天下溝通過要有所謂的退場機制，因為我們真的遇到有兩個小孩說：「我就是不想做，反正我已經交錢了，我就是來這邊玩的，不是要來工作的。」

　　當然不能真的打罵到他做為止，但我的個性無法縱容，不是交了錢就可以在我的課堂上決定自己做或不做，如果是真的累了我會同意讓你休息，但如果你不是累了，只是想放懶、學習欲望很低，那我希望你乾脆放棄營隊，回家去吧！

端正學習的心態

現在的孩子不願意學習、散漫、懶惰，還有一個原因是，他所有的學習都不需要付上代價，他所有參與的活動可以恣意妄為，反正交錢的是老大，我覺得這是個很扭曲的價值觀。所以雖然親子天下營隊是商業的團體，我還是要樹立這個價值觀：不是你交錢就一定可以學，繳了錢卻沒有正確的態度，沒有學習的欲望，我才不要你的錢。

這做法是有商業衝突的，有人會說做不完讓小幫手幫忙做完就好了，家長看到也無所謂，我覺得這太可惜了，應該請家長跟我們合作，讓孩子學習面對責任，你幫他交了錢、代表他要去承擔一定的責任，而不是來這邊托嬰、託管，不但沒辦法幫到孩子，反而害了他。

基本上我在造舟過程如果會發脾氣，就是面對這種態度的時候。甚至我會要求，請聯絡家長把小孩帶走，但因為我們沒有擬出所謂的退隊和退費機制，突然把人家趕走會引起糾紛，所以我只能告訴主辦方以後希望如此。

甚至可能的話，即使付費招生，應該都要用面試的方式，包括「海洋之心」和其他營隊，我希望家長能知道做這件事的價值遠超過造一艘船，面試不是問他有沒有能力，而是看他的態度對不對。

包括我讓很多小幫手來跟著學，不是因為有沒有交錢，而是只有一個原則：**你來學習的態度是什麼？**如果你學習的態度只是來看看、觀摩一下，這不是我要的，你學習的態度應是嚴謹的、用心的。

「海洋之心」計畫是老師、家長和學生一起造舟，聽起來親師生共同造舟是一個美事，其實相對複雜一點，過程中家長可能會發現孩子工作的問題，或孩子看見家長工作的態度、老師的態度等，不一定都是正面的，還有很多努力的空間。相較之下，親子天下的造舟營隊是單純很多，包括我們自辦的營隊也是，目標族群設定得很清楚，比較有機會傳遞理念。

在台灣，我們這個世代有一個弔詭的情況，很多年輕家長對教育是有理想性

的、對孩子是有期待性的，花錢也不是為了孩子去玩而已，他有理想、有熱情，卻沒有在平常生活中跟孩子有良好的互動，反而期待別人來幫他完成。孩子當然不可能透過一個禮拜就改變什麼，很多人看到我對女兒的教養後都對我說：「我把孩子丟在你那邊一個暑假好不好？一個禮拜好不好？」

當然不好啊，我跟女兒是從小到大慢慢累積起來的互動，才能夠營造她這樣的性格，你把孩子丟給我一個禮拜、一個月，我怎麼可能改變他的性格？我也沒有資格在這一個禮拜或一個月當中對他過分管教，對他不公平，對我也不公平。

透過一個營隊，尤其是造舟營，你去改變孩子的生命力，當然是有可能；但家長可能忘記一件事情，你平常到底怎麼跟他互動，那個才是關鍵。**不用花很多時間，最起碼親子相處的時候要多花一點心思**，這反而是我這些年帶領造舟營隊的心得和感慨。

全台
走透透

大學生的造舟跟青少年不一樣，因為他們本身的工作能力、抗壓性、操作工具的熟悉度，都比小孩好很多，但還是有其他問題，例如「團體合作」這件事，大家比較習慣把焦點放在自己的船上，而不是一起完成所有的船。

不過，這幾年我帶的大學生素質都不錯，他們肯放棄暑假玩的時間，用一個禮拜每天 12 小時的時間來造舟，算是要犧牲很多東西，通常願意做出這個選擇的人，也是有備而來的，所以都不會讓我太失望。小幫

手們更不用說了，他們會從備料開始跟我一路做到完成，幕前幕後的工作都要參與，就會比較好帶。

　　像是台北藝術大學、馬偕醫護管理學院、海洋大學，都有學生陸續參與到「海洋之心」專案。另外，高雄中山大學有舢舨復育中心和育成中心，在2014年「海洋之心」計畫時，學校裡相關的老師就帶著學生來造舟；在這之前，他們已經來拜訪過我兩次，既然這麼有心，我便同意暑假時一起帶學生來，並要求在營隊開始的前兩天先抵達，好讓他們學習備料，而且先完成一艘雙人海洋舟的骨架，認真花了三天連夜趕工做出來。

　　因為中山大學有自己的育成中心，有些大四學生畢業就創業，成立公司，也承接高雄市文化局或教育局的專案項目，舉辦河流舟（Canoe）造舟營、發展自

己的治具，造舟模式以骨架蒙皮舟為主，治具有做修正。畢竟他們過去都有過舢舨的學習，再從我給的格陵蘭骨架蒙皮舟經驗做修正之後，誕生一個很不錯的印第安蒙皮舟。

還有 2017 年花蓮美崙浸信會的青少年手作造舟，也是以成人為主、穿插一些高中生，可是因為這些高中生跟造舟的大人原來互動關係就已經很好，所以非常好帶的。團隊的成員組合上，成年人比例占三分之二，高中生占三分之一，這樣的比例較單純，孩子大一點較好帶。

有鑒於台北關渡國小舉辦造舟營的成功案例，台東均一中學則連續於 2015 和 2016 兩年，也跟著辦造舟營，因為校董嚴長壽先生希望他們學校有山海教育，所以我連均一的老師都沒見過面就邀來山上做一艘船。

均一中學的黃伯融老師本來就擅於做戶外教育，他會有計畫性地做海洋教育，本身也受過造舟訓練，最後我們用兩個長週末星期五、六、日的時間，我只教造舟，老師協助做秩序管理。前面的訓練由老師帶，因為老師本身就有造獨木舟的能力，我帶他們做模型和大船完成，到了尾聲再陪同一起驗收划船。

南安國中是宜蘭的海洋資源中心，也想比照關渡國小的模式成立一個造舟營隊。但由於算是學校的研習課，甚至有小孩在滑手機沒事做的情形，再加上大人沒辦法忍受不完美，怕小孩子做不好，不讓孩子鋸。不是單純擔心操作機械可能會受傷，而是怕他做不好，或只讓他扶木頭、點膠，連電鑽都不讓他用，他怎麼會有造舟的興趣呢？不讓孩子做，他就越來越沒有存在感，他乾脆滑手機玩。

我很希望站在一個教學的角色，而不是去管理營隊秩序，每一艘船若有老師或大人協助，當我把一些規則講清楚，如果孩子沒有遵守，第一現場糾正的應是同組的老師或家長，這樣就不會發生那麼多「忍耐之後」的管教。

可是你會發現這些老師自己都忙壞了，沒有心力去協調，當老師們沒能力管或管不動，我就要同時教學和管理秩序，這是我在推行「海洋之心」時遇到的無奈現象。像均一中學和教會團體的營隊在進行時，他們有隊輔和老師幫忙管理，我就會很輕鬆，只要管好造舟就好。

偏鄉孩子圓夢計畫

2016 年有個跨校、跨領域的合作案讓我很感動，是師大的小謀老師（師範大學公民教育與活動領導學系謝智謀教授）發起「大手攜小手獨木舟造舟計畫，讓偏鄉孩子圓一個夢」，由宜蘭的許家昇老師把東興國小弱勢家庭的十個孩子，帶到師大跟大學生一起造舟，一方面讓都會青年能明白偏鄉孩子的狀況，未來在做體驗教育或戶外教育時能較有深度，另一方面讓偏鄉小孩有機會到都市來，和大哥哥大姐姐長時間、近距離相處。

此外，他們讓孩子提出夢想，透過造舟活動籌措「圓夢基金」，幫助這些孩子實現。值得一提的是這些小孩專注力有限，可以看到師大的學生用了很多心思來陪伴，看到孩子有情緒或疲勞時，大學生並沒有直接自己做船趕上進度，而是盡力跟小孩相處、建立友好關係，發揮熱情去感染小孩子動起來。

有別於以往由我發起的造舟營隊，在這次造舟計畫的過程中，我的角色很單純，只需引導他們完成造一艘舟的每個步驟；小謀老師用他體驗教育的專業去引導大學生；家昇老師用他的熱情陪小孩子在台北住一個禮拜；最後在碧潭做驗收，是讓大學生搭配小朋友一起划船。計畫的後續，還有大學生騎單車到宜蘭拜訪孩子們，一段時間之後，又由家昇老師帶著小孩騎單車到台北跟大學生會合，劃下美好的句點。

　　「圓夢計畫」聽起來會覺得是很偉大的計畫，我們很難想像，偏鄉弱勢孩子的夢想可能非常簡單，有人想的是要「請爸爸媽媽吃一頓大餐」，有個孩子說他要幫爸爸「買一隻鞋」，我們會以為他寫錯字，其實沒有，是因為他爸爸在工作的時候斷了一隻腳，但他還是想幫爸爸買鞋。另外有個小孩想為他的外婆買一些補品而申請這筆圓夢基金，後來說要把錢還回來，因為錢拿到的時候外婆已經過世了，所以他用不到這筆錢。

　　我們活在物質豐富的時代，這些小孩的夢想卻這麼簡單，讓我印象好深刻。

　　不管大人小孩還是青年學生，如果造一艘舟是在生活裡乘載了一顆夢想種子的象徵，我希望每個種子都有機會發芽、延續。

造舟前的
心理準備篇

造舟不是一個人獨立完成的事，
而是一個團體學習的經驗，
因此，在造舟開始前，
你有七道心靈課題需要先學習。

七道
心靈課題

一個人完成一艘舟是有點可惜的，造舟之前我會強調：**造舟不是針對一個人單獨來完成，應該先透過團隊或一群人合作，在學習的過程完成一艘船。**等你自然而然了解這艘船的工序、工法、結構，驗收之後，便知道哪些地方可以改善，當有一天，你要造自己的舟時，再好好滿足個人的需要。

不過，你必須是一個會划船的人。常常划船，對這艘船的使用有某種程度的了解，才做得出一艘適合自己的船，所以為什麼我們在做大船的前一個階段，一定會進行泳池

或靜水域的訓練。造舟前的另一個重點，就是關於工作的態度，你有七道心靈課題需要學習。

課題一：釋放學習機會

做一艘舟的時候，如果從團隊造舟的角度來看，基本上應該要以讓團隊每個人都有所學習為目標，其中比較不擅長使用工具的人，或工作沒那麼俐落的人，其實他需要的是更多練習機會。

但這麼一來，很可能團隊造的舟會變得不好看、有缺陷，因為要讓比較不會的人多一點練習、多一點操作，至於比較會的人則要多一點協助。

當然，即使你多一點協助，也不可能讓舟短時間內變得很好，除非你幫他做，但那就不是協助了，而是搶走他做的機會。

在「團隊學習」的前提下，原本手作表現比較好的人，必須要釋放出學習機會給比較不會的人。如此一來，很容易形成舟的不完美。我常說在學習當中，要做一艘「不完美的舟」。聽起來有點矛盾，可是我講的不是「故意」去造一艘不完美的舟，而是你勢必會做出一艘不完美的舟，因為你在「學習階段」。

課題二：初學重點是方法與技巧

很多人學一樣技能，不管是金工、木工、甚至造舟，常常會問說：「老師，為什麼你可以做到，而我做不到？」偶爾學員會希望老師幫他修一下、整理一下，變得比較漂亮，做到他想要的樣子。

習慣速食文化的現代人，在學習上會有盲點，他們忘記初次學習東西時，是在學它的方法跟技巧，接下來需要不斷地練習，練到熟悉，才可能「做好」；而老師之所以能，是因為老師早已不斷不斷練習過。

想要自己的舟很完美，可能老師給你 3 小時磨一樣東西，可是你為了要追求

完美，希望老師給你 6 小時，甚至 8 小時。假設我滿足每艘船這樣的要求，便沒辦法在既定時間內完成。

然而，教學本來就要在既定時間內完成，如果你是在一個學習的角度，坦白說並非要在此做一完美作品，而是學習如何「將來」能做一個完美的作品。

所以，**應該是要學會技巧和方法，而不是在第一次學就要磨到很漂亮，做到完美**。重點是你的能力還沒有到達那樣的階段，技術也不足，不可能老師教完你馬上就會了。

課題三：不要個人完美，要團體共好

很多人問：為什麼我鋸不好？因為你缺少練習啊！我希望大家在造舟之前可以有這樣的觀念：**先不要太完美主義，不要希望船「很漂亮」。**

因為根本就不可能做得很漂亮，不是因為它多難，而是因為來造舟的人裡面，每個人的能力參差不齊，我們希望他能好好學到這艘舟的方法，而不是只做一個不重要的旁觀者。

當然也可能有一艘舟整個團隊都很厲害，但我希望團隊能互相學習！為什麼我期待每次至少五到十艘船？這跟商業模式是衝突的，我是領鐘點費，一次教三艘船和一次教十艘船都可以，當然是把十艘船分成三次去教能賺比較多錢，但回到我造舟的目標，就是要「團隊學習」。

通常所謂的團隊合作，是我們在自己這艘船的團隊合作，跟別的船變成競爭關係，我們社會就是因為這樣而充滿冷漠，只看到自己好就好了；我期待的是在造舟學習裡不只關心自己，也要關心別人的團隊是不是也能趕上學習進度，不只有觀察，還要去協助，如果你的團隊很厲害比別船先完成進度，可以將隊員拆散去協助別的船。

這是我所謂總量目標的一個「共好」，我們現代人很難共好，通常都是同行相忌，哪有共好這種事？講起來好像很夢幻，但本來你想要某個產業更好的話，

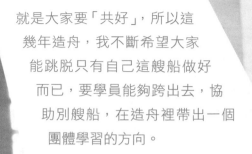

就是大家要「共好」，所以這幾年造舟，我不斷希望大家能跳脫只有自己這艘船做好而已，要學員能夠跨出去，協助別艘船，在造舟裡帶出一個團體學習的方向。

課題四：修補

你為什麼要造一艘舟？如果你只是要划船為什麼要造一艘舟，你買一艘舟就好啦，很快你就可以去划船了，所以我要大家思考的是，透過造舟這件事情，我們對這艘舟產生情感，以至於將來這艘舟如果有需要維護的時候，你會用修補取代替換。

現今工業時代很多東西都很便宜，買來的東西很容易取得，相對的也很容易丟棄，因為不斷浪費而造成地球的資源不足，**如果我們很多東西都能夠修補後繼續使用，基本上資源就不會那麼浪費。**

當然也不是自己造的船才能夠修補，你買來的玻纖船、碳纖船、甚至塑膠船，如果有能力，也可以去修補，只是會有個現象：因為這艘船不是你做的，如果買它的單價也不是很高，一旦壞了，通常選擇再買一艘比較方便，而不會花那麼多時間為它修補；畢竟，你可能沒工具，也不知道修補的材料如何取得，除非常常做這件事情才能累積足夠經驗。

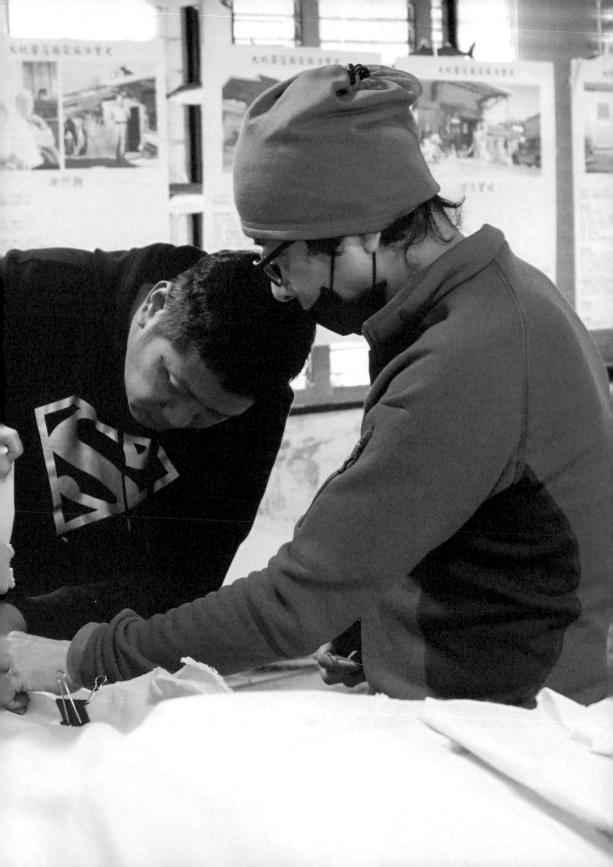

我們自力造舟的角度則是，因為做這艘格陵蘭舟從零開始到完成，所需要的工具不那麼複雜，也容易取得，你就有機會在做完舟和划這艘舟時，如遇毀損就去找到修補的方法，甚至找到讓它更舒適的方法。這樣子資源再利用的目標就可以達到，不會過度浪費。

課題五：信任

　　為什麼很多人沒有辦法去信任一艘手工蒙皮舟的安全性和可用性？我希望大家做完舟之後去划這艘舟，開始思考它真的那麼不堅固嗎？它真的那麼不安全嗎？不堅固是來自於什麼樣的情況？

　　如果擔心船不夠堅固怕的是「碰撞」，不管什麼材質的船，沒人會把它划去撞「肉粽」（消波塊）、礁岩，那樣的話任何船都不堪一擊，因為船是拿來划、不是拿來撞的啊！

　　又如果說不夠堅固是認為船「要耐摔」，但這艘船也不是拿來摔的，可能擔心搬運的時候不小心摔下去，話說回來，骨架蒙皮舟因為是骨架構成的，反而有它的彈性和韌性，不見得多怕摔，或許摔摔看，再看結果怎麼修補，這才是我們造舟的精神。

　　至於行水進出場域的問題，比如說沙灘的進出，應該不用擔心，在格陵蘭那一帶基本上在淺水域就直接划出去，因為是蒙皮的，底部比較不怕磨；礫灘看起來也還好，石頭並不尖銳，是受到海水不斷沖擊的小圓

石頭，基本上也沒什麼問題；貝殼沙灘可能比較多一些尖銳物，不過既然在海邊形成一個貝殼沙灘，海水也磨得表面不那麼銳利了，或許比礫灘稍微多一點風險，但強化一下底部還是可以的；進出人工碼頭就更沒什麼問題，因為是直接放在水上，若為斜坡道進出的話可能會磨到，一樣可強化它，或者就不要選擇風險高的地方下水。

這艘船，它是個行水工具，不可否認有使用區域的限制，我們不能說這艘格陵蘭舟能跑所有地方，看它能跑哪些地方就去那些地方划，所以能划的區域也不少。重點是，**應該對自己的船有信心。**

課題六：生命思考

為什麼我常說用這艘船來帶出另外一個生命意涵，這艘船叫「骨架蒙皮舟」，它是由木頭做成的骨架，包裹一層皮膚，就是船的衣服，我們叫船衣，所以稱為「Skin on frame」。當然，完成之後會有一個靈魂放進去，就是它的吉祥物，我希望大家用這艘船去回應、對應到自己個體的生命。

再問一下剛剛那些問題：有哪個人耐撞？有哪個人耐摔？有哪個人耐磨？沒有，因為你不耐摔不耐磨不耐撞，就否定這個人的可用性和能力嗎？也沒有。

你也是「Skin on frame」，以皮膚包著骨頭而存在的人，生命如果遇到了撞擊、遇到了摔、遇到了磨，回應到這艘船，你選擇的是放棄還是修補？應該是修補，當然我知道也有人選擇放棄。

希望大家去思考這艘船其實跟自己是很雷同的，它比不上塑膠船的耐磨，比不上碳纖的輕和韌性，也比不上玻纖的硬和耐磨，但不會因為這樣子，就代表這艘船失去行水能力，或者因為這樣就沒有安全感。

做一艘骨架蒙皮舟，除了能滿足自己手作的感動，以及將來在使用這艘船時知道怎麼去維修和改變之外，更重要的是，**你還可以對應到生命的處理態度。**

你是選擇維修？還是選擇放棄？

這就是透過格陵蘭舟我希望大家去思考的，不是為了做一艘舟而已。如果這些問題都不想去思考，也不用造舟了，覺得划船就划船幹嘛這麼辛苦還想這些問題，那可以買一艘適合自己的舟也很好，我沒有反對買舟的人。

課題七：與生活的連結

帶人造舟不是為了滿足休閒運動，而是為生命教育。當你使用這艘舟行進在不同水域的時候，會開始關心這些水域的狀態，不是大家來休閒玩玩就好。所以通常在造舟之前，我會跟學員分享這些，也會給大家看影片，去了解為什麼要做這艘舟，對海洋的使命多一點點的傳遞。

透過划船，開始跟海洋產生連結，產生互動，有「使用」這個海洋、河流，才會注意到它的狀態。就像你走在家門口的馬路上，如果一個禮拜沒有清潔工來清理垃圾能受得了嗎？因為那是你每天要經過的道路，經過它，就是使用它，所以你很在意到底有沒有人來清潔。

可是海洋、河流怎麼被污染，你會不在意是因為你根本不使用它，不痛不癢，也不在乎到底有沒有人去清理。

如果單純帶人划船賺錢，不用想那麼多，直接划船就好；但我希望透過造舟，繼而帶他划舟，帶起他對自己生命的反思、對生態的關心，才是我這幾年一直堅持造舟教育的熱情。

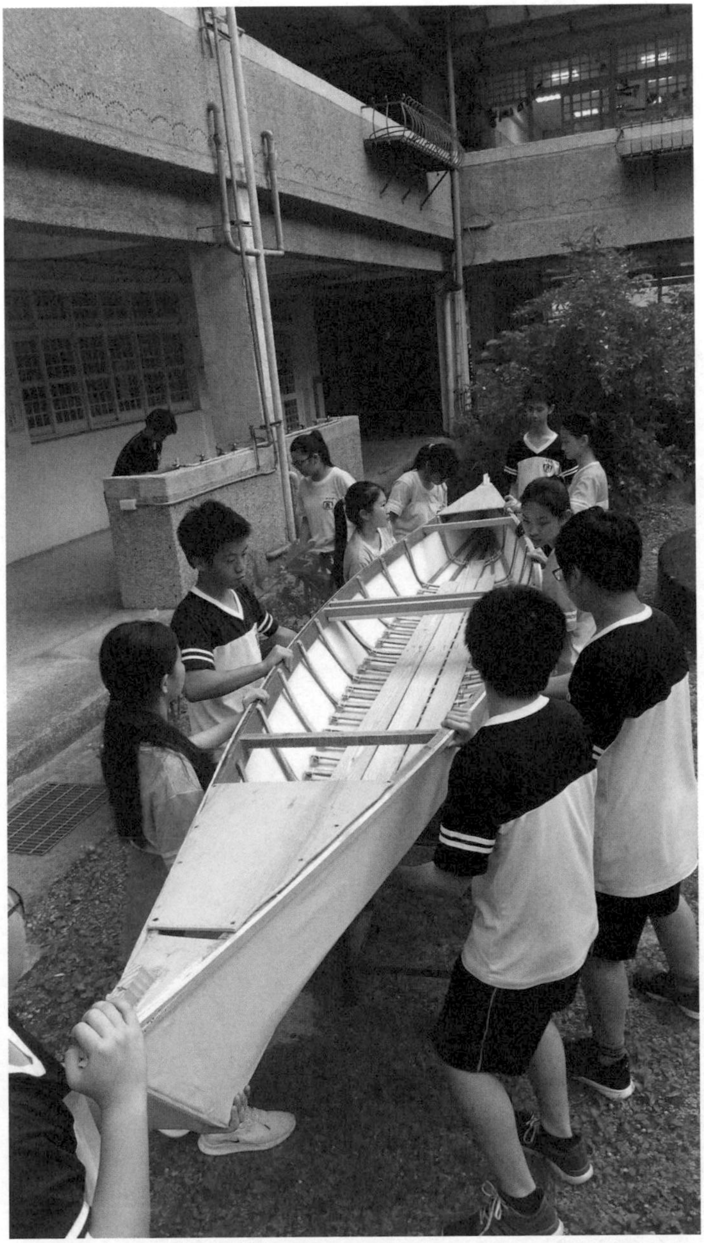

造舟
Workshop

七日成舟計畫

Day 1
任務一：船舷
任務二：甲板橫條

Day 2
任務一：船刀
任務二：肋骨

Day 3
任務：骨架完成

Day 4
任務：艙口橫條

Day 5
任務：座艙口

Day 6
任務：蒙皮

Day 7
驗收日

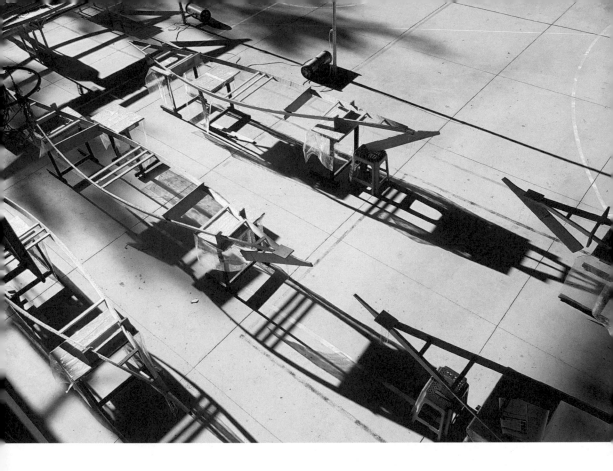

　　造一艘海洋舟（Kayak），首先要瞭解這
艘舟的形狀，還有你所使用的這艘舟，它適
合行在什麼樣的水域，它行水的需求如何，
從這個角度來製作屬於自己的一艘舟。

　　格陵蘭舟是以符合自己身體和水域的需
求來設計一艘適合自己的船，當你從格陵蘭
造舟的順序去完成一艘舟時，等於學會設計
了一艘船，而不是單純造一艘舟而已。

　　造舟營隊大都為期一週，本書也以七天
造舟的順序，每天有一至兩項重要任務，帶
大家逐步認識「骨架蒙皮舟」的方法。

造舟

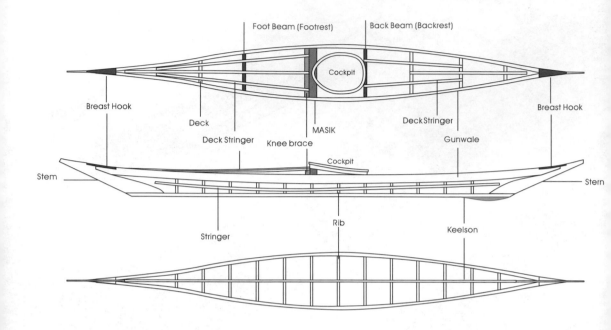

Foot Beam (Footrest) Back Beam (Backrest)

Cockpit

Breast Hook Breast Hook

Deck DeckStringer

Deck Stringer MASIK Gunwale

Knee brace

Cockpit

Stem Stern

Rib

Stringer Keelson

在造舟課堂上，我們皆以英文通稱教學，本書為方便大家中文閱讀，各專有名詞會以中英文穿插併用例如：船舷（Gunwale），**本章寫法將以中文名稱為主、英文名稱為輔，寫入造舟各步驟**；書中附圖或影音示範時，老師解說會以英文名稱為主，想學造舟的人還是要將英文名稱記好，才能聽懂老師的說明。

Kayak 獨木舟　　　　　　　Rib 肋骨

Gunwale 船舷　　　　　　　Keelson 龍骨

Deck 甲板橫條　　　　　　Stringer 側舷

Center 中心點　　　　　　Breast Hook 船首壓板

Foot Beam（Footrest）腳踏　Deck Stringer 甲板直條

Knee Brace 膝靠　　　　　Skin On Frame 蒙皮

Back Beam（Backrest）背靠　Stem 船首

MASIK 艙口橫條　　　　　Stern 船尾

Cockpit 座艙口　　　　　　The Running Lashing 方迴結

Day 1

任務一

船舷
Gunwale

工具

鋸子

筆

鐵尺

捲尺

治具

Form1

Form2

材料

480x6x1.6 公分柳安／扁柏

091

獨木舟的設計，我們從**船舷（Gunwale）**開始講起，船舷上有兩大結構依附，其中一個是**甲板橫條（Deck）**，它將兩條船舷連接，相互平行、與船舷垂直所串起來，跟划船人的身體有幾個絕對位置是不可以變更的，需要把它先標示出來。

量身設計

首先，要了解一艘船上，人所坐的位置不是船的正中央，而是以大腿的中心位置放在整艘船的平衡中心；也就是說，**中心點（Center）**的部分是在我們大腿的中間，以此標示出臀部所坐位置前後、膝蓋落在的地方、腳足所休息的位置，即**腳踏（Footrest）、膝靠（Knee Brace）、背靠（Backrest）**三處。

背靠，就是當我們坐好一個位置時，背部要有所支撐、挺直所倚靠的支撐橫條。膝靠，在格陵蘭舟來講，其實前面有多一個很重要的**艙口橫條（MASIK）**。從背靠搭到艙口橫條這個位置的距離，就是船的**座艙口（Cockpit）**所需要的距離。

因為伊努特人划格陵蘭舟的時候，他們的環境是在高緯度北半球，水溫很低，沒有脫困的可能性，船若翻覆必須滾翻出水面，所以除了膝靠外，還需要讓座艙口往前縮小，需要多一個艙口用的橫條。

一般划船，並沒有寧死不脫困的需求，會以舒適為前提，造船時便將艙口橫條（MASIK）和膝靠（Knee Brace）等於同一個東西。實際上，就是直接用膝靠的位置當作艙口橫條了（所以本書後文提及「**MASIK**」時，會直接以「**膝靠**」中文名代用），配合這個位置將座艙口加長，甚至要設計得更舒適的話，就不用傳統格陵蘭冂字形橫條，而是把它放在座艙口的兩側，另外做兩個壓板來靠住我們的膝蓋。

為什麼造舟要講到這麼多使用者的狀況？因為，如果我們沒有先學會划船，對操控性和需求性理解不夠，就沒辦法造一艘滿足自己需求的船。一個常常使用海洋獨木舟（Kayak，以下簡稱海洋舟）的人，相信對上述這段說明會非常清楚。

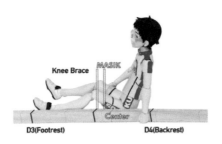

Knee Brace　MASIK
Center
D3(Footrest)　D4(Backrest)

三個絕對位置

　　通常船舷的長度，就是一個人身高的三倍長來做設計。假設說身高只有 150 公分，那船長 450 公分可以嗎？當然可以，符合你的身高需求。可是一般海洋舟多半會設計在 480 到 540 公分之間，為什麼需要更長呢？海洋舟的行水屬於比較遠距離，船身越長效能越好，一個三倍長的身高是參考值，市面上最短的海洋舟應該也有 4.8 公尺，少有 4.6 公尺以內（因為它的效能會比較差一點）。

　　當你把平衡重心放在大腿位置的時候，因為每個人的身材、腳長不相等，可以依照圖示的坐姿，膝蓋微彎，腰部挺直，這樣的坐姿在划船來講，是一個最穩定的姿勢。通常船如果不穩定，不單是來自於船本身的穩定度，包括坐在上面的人自我穩定度也有關係，所以坐姿會決定這艘船的膝靠、腳踏和背靠橫條的位置，在標示船舷時是重要的絕對位置，製作時是不可移動的橫條。

　　有了這三個位置之後，就會發現背靠橫條離船尾巴比較遠，也比較長，為結構需求就會把上面所需的橫條數，設為後半船舷長四等分均分；腳踏橫條則離船頭比較近，所以剩下的甲板橫條，則是三等分均分前半部船舷長，標記時可取甲板（Deck）的簡意寫為 D1、D2、D3……。當然所謂三分之一的區分和四分之一的區分，都只是結構上的需求，不是絕對值，可以依照個人的想法，增加或減少，只有三個絕對位置要符合身材需求。

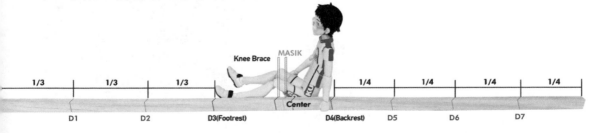

1/3　1/3　1/3　　　　1/4　1/4　1/4　1/4
Knee Brace　MASIK
Center
D1　D2　D3(Footrest)　D4(Backrest)　D5　D6　D7

標出所有搭接位置記號

　　船舷上還有另一個大結構依附，就是翻過來之後，決定一艘船穩定性的**肋骨（Rib）**。我們把船翻過來看會有一個英文 C 字的橫條，或正面看來像 U，這樣的肋骨我們叫「Rib」。它是結構上的需求，所以沒有所謂的絕對位置。

　　從中心點來看，往前往後每隔 30 公分區分出一條肋骨，這就是在船舷上所需標示的位置，標記時則可取肋骨（Rib）的簡意寫為 R1、R2、R3……。教學時，是將肋骨搭接在船舷上，直接鎖上去，因為肋骨並非絕對位置，所以當我們從中間往兩側每 30 公分搭接時，可能會遇到幾根肋骨和橫條在一樣的位置上，要怎麼取捨呢？

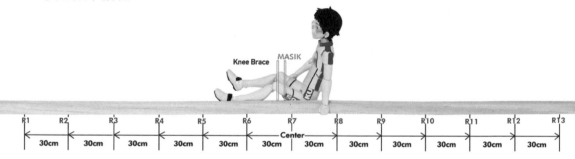

　　假設肋骨碰到了屬於絕對位置的橫條，也就是腳踏、膝靠和背靠三個位置，這三個位置是不可更動的，肋骨往前或往後移，不要重疊即可。因為在一個船舷上，如果有兩樣東西，不管是鑽孔鎖住或綁繩，都會造成結構上的脆弱，所以要把它錯開。

　　到這裡，就可以把船舷上兩個很重要的結構都標示出來了。

　　有了這樣的結構後，必須在船舷上畫出與木頭垂直的三個記號，船舷的規格是寬 6 公分、厚 1.6 公分，長 480 到 540 公分，所以在

寬 6 公分和厚 1.6 公分的部分，都要用垂直線條把它標示出來，以利作業時辨識位置，是為船舷上的記號。

這樣標出第一階段船舷上所有需要的記號後，就要準備把船舷上治具。

上治具

什麼叫治具？通常我們在做任何工藝上，遇到需要重複使用的規範，可能是角度上的規範，或長度的規範，因為經常性使用，為了節省時間，並降低差異值，會做出一個工具，滿足重複性規範的統一需求，稱之為治具；或為了加速作業的便利性，也可以做一個小工具來輔助使用，這種也可以稱為治具。

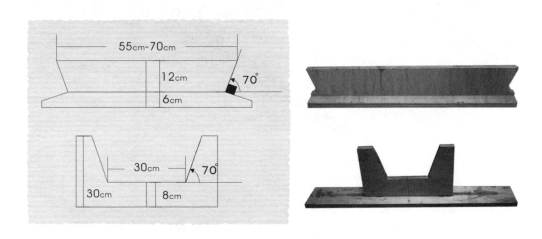

在做這艘船時，要把船舷的線條塑造出它的穩定性和切水性，就要從船舷由上而下俯視的形狀來決定，它會有一個往外展 70 度的角度，這個 70 度的角度，可以分作三到五個不等的治具，展開的治具數量越大，線條曲線能夠塑造的就越複雜。教學上我們只會用到三片，前後兩個凹的，和中間一個展開的，看圖可以明白，把船舷搭在這三到五個治具上的時候，就可以前後塑造出俯視的船形狀。

　　這個形狀是所謂的自由曲線，你愛你的船長什麼樣，就去調整。與船的功能有沒有關係？當然有，你的船頭越尖越瘦，它的切水性越好，相對它和水的接觸面積就比較少，船行會比較不穩定。

　　所以通常中心點往後船尾的部分比較胖一點，船頭比較瘦一點，因為以中心點往後發展，是為了要維持船的穩定性，以腳踏橫條往前發展瘦長，是為了要切水和循跡性。

　　切水就是當一艘船經過水域，把水往兩側撥開，可以破浪或破水而行，這就是它的「切水性」。循跡則是當我們把這艘船放在水上輕輕往前一推，能有效的往一個直線走，不會偏左偏右，即「循跡性」很好。這跟船的前面設計有關係，以及之後還會提到的一個結構叫**龍骨（Keelson）**也有關係。

通常中間治具寬度如果是單人舟，就是一個人加兩個拳頭、掌心朝外放在兩側骨盆的髖骨上面，這就是標準的格陵蘭舟的寬度，約略只有 50 到 55 公分。如果以舒適度來講算是有點窄，為了讓划船伸展舒適一點，會加寬到單人舟 60 公分左右，雙人舟則為 70 公分上下。

若為划船好手，對格陵蘭滾翻又有熟悉度，那就建議按照個人身材來製作這個中間治具，可能是 52 公分、甚至 50 公分不等。有了治具後，就可以把船舷放上去，前後調整第一個和第二、三個治具，來塑造自己喜歡的船的形狀。完成船舷的第一階段。

塑形

船舷在還沒有甲板橫條支撐固定時，只要稍微一碰觸，它的角度就可能跑掉，所以上治具塑形時用 F 夾把它夾好。由於上課沒辦法用這麼多夾具，只能大致夾上，要小心容易歪掉。

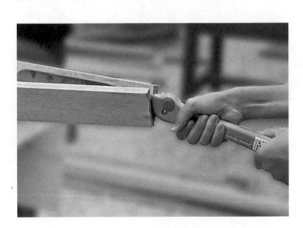

理論上要用治具定好位，包括中心點的位置都需要確定好，在工作台上每一個治具都在同一個中心；也就是说，治具要置中對齊，你的船才會正。如果沒有置中對齊，一前一後的話，船就是歪的，這個部分有時候在課堂上因為工具有限，桌子又不統一，很難去要求。

船舷上了治具之後，要上甲板支撐橫條之前，需要讓船舷的前後產生密合度，也讓我們在作業上，增加船舷前後的摩擦度，所以要用鋸子在船舷內側正中的上方位置，由上往下鋸，每鋸一刀，兩個船舷木頭就會往內夾，再鋸一刀就再往內夾緊。這時候必須小心用手平壓上緣，鋸子往下鋸，通常我們為了抓緊船舷不讓它動，手掌會有個慣性把它往內壓，這一壓角度可能就改變了。

鋸好之後會發現手一放開，兩端之間沒有辦法密合，要鋸到船舷內側、內緣的頂點，這兩點之間我們戲稱為「牛郎織女」，兩點碰在一起才是完美接合。但如果沒有鋸好也不必太在意，因為這只是結構上的一部分，我們仍然可以用其他的部分，比方說船首壓板、船刀的連結。

工具使用

使用鋸子的時候，鋸子的鋸齒是有方向性的，不單只用眼睛去看工具和工作物之間的位置和關係，更重要的是得用耳朵去聽，所使用的鋸齒其產生聲音的節奏性有沒有規律，太快或太慢都不是一個正常的做法。太慢代表在拉鋸的時候過度用力，鋸子本身是有牙齒的，會牽動木頭移動性，本來的位置可能就會走掉，也不好工作。太快則容易產生誤差。

完成「牛郎織女」兩點的會合後，一樣會用到手鋸，還有電鑽；電鑽就牽涉到怎麼鎖木頭，我會介紹兩種做法，一種是傳統用木栓的做法，牽扯到要引洞去綁繩的問題，另外一種就是我們現在教學上的直接用螺絲釘鎖進去。

使用螺絲釘做接合時，要學所謂的引洞和銑洞。目前有個方便的工具叫「**沙拉刀**」，是一個 8 公釐（mm）的銑刀，裡面附有一個 3 公釐的鑽尾、鑽針；鑽針就是來產生引洞的功能，8 公釐的銑刀則為銑洞的功能。引洞的目的是當螺絲釘在鎖進木頭的時候，在電鑽的高速旋轉下，不要讓木頭龜裂或破裂；銑洞的目的是希望把螺絲釘埋在表面以內，這樣螺絲釘就不會外現。最後我們再將凹下去的洞，用木棒或木屑把它填滿，一來可以防銹，二來比較美觀，也不會讓未來的蒙皮被割破。

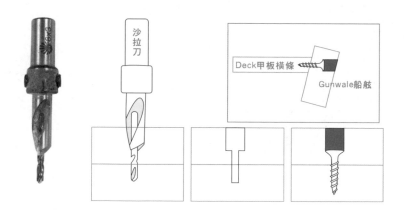

Day 1

任務二

甲板橫條

Deck

工具

鋸子

筆

鐵尺

電鑽

鑽頭

材料

1.2 吋、300 公分柳安
或 4x2x300 公分扁柏

標量位置

有了治具和船舷兩端的削切後，就要開始用**甲板橫條（Deck）**把船舷（Gunwale）的形狀給固定出來。前面講船舷時有提到三個絕對位置是不會變的，我們在做的時候丈量的方式是把甲板橫條放在船舷上面，量出往下斜和往前斜，因為木頭是放在上面，如果要吻合底下，勢必得縮小才能夠放進去。

那到底要縮小多少呢？基本上如果有尺可以量，假設放在船舷上的下緣是我們畫的位置，下緣的兩個斜線記號 A、B 兩點，必須等於要放下去的 A、B 兩點。以經驗值來講就是約略往內縮，即平行內縮 1.6 公分左右。

這個 1.6 公分是統一值，不是剛好吻合我們剛說的 A、B 點位置，如果用尺量做三個絕對位置的甲板橫條時，（尺不太好量）必須注意精準一點，其他部分可以大概內縮 1.6 公分做參考，因為我們材料上用的是 1.6 公分的角料，以它來做治具往內縮就好了。

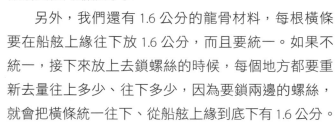

另外，我們還有 1.6 公分的龍骨材料，每根橫條要在船舷上緣往下放 1.6 公分，而且要統一。如果不統一，接下來放上去鎖螺絲的時候，每個地方都要重新去量往上多少、往下多少，因為要鎖兩邊的螺絲，就會把橫條統一往下、從船舷上緣到底下有 1.6 公分。

鋸複斜

接下來，關鍵就是甲板的木頭要怎麼鋸和量。回到剛剛說的把木條放在船舷上，用筆從下緣量出來，就會產生往前或往後的斜度。而往內的斜度，我們可以用一把鐵尺或是木條，貼在船舷的內側，就會有個斜度可以往上畫、往兩側畫。

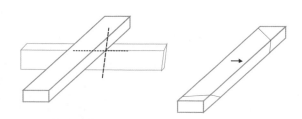

　　木頭拿起來之前，先在木頭做一個記號。通常我會畫一個箭頭，免得到時候拿起來兩個複斜，一個是往上下、一個是往前後，容易搞混，一旦搞混角度就不對了，所以先在上面做個記號。

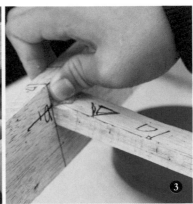

　　有了做記號這個動作後，接著要來說明怎麼鋸複斜。

　　在木作的角度上，複斜是一個比較需要專注，一氣呵成的一個工作，因為有兩個斜面，沒辦法先鋸一個再鋸一個，你眼睛的位置、視線的角度跟這兩條線必須在同一個水平面上，所以通常放在工作台來鋸的時候，我們會以蹲姿由下往上這樣鋸。

　　這裡有一個技巧，我也常用來作為啟發生命教育的小故事。鋸複斜時，要思考到一個對的位置，有對的視角才能做得正確。我會用到「凝視」兩個字，要專注，然後凝視這兩條線，不急著鋸下去，你凝視好了、預備好了、確定位置正確了，再把工具拿起來。看著兩條線，一開始是緩慢的，把鋸子由上往下拉，看到兩條斜線都在同一個溝槽上，大概兩次、三次，那個溝槽就找到它的位置，這時候鋸片只要不晃動，就會順著這個溝槽把兩條斜線鋸過去。

　　雖然是整個造舟過程中的一件小事，我會拿來對應提醒學員一些做事的態度，很多事情我們做的時候沒有站在一個對的位置上，或即使你在對的位置

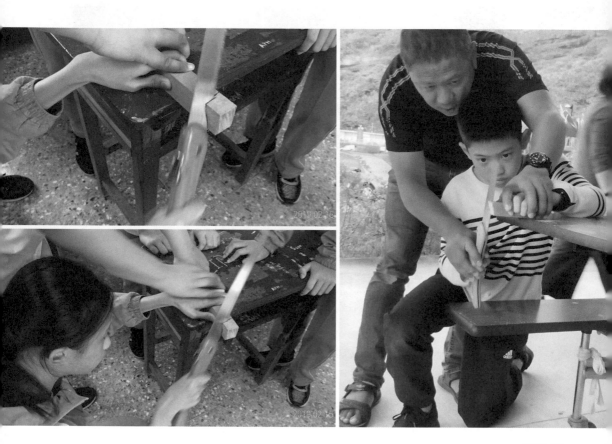

甲板複斜
鋸法示範

上，但你的視線沒有在對的角度上，一樣會做不好。這是一個很關鍵的時刻，如果急，如果站著、用彎腰的姿勢去鋸，那個斜度都不好看。

螺絲釘接合

鋸好之後，可以開始放置木條。放的時候可能會晃動，建議用瞬間膠微微固定，瞬間膠不具有任何強度，在這個階段是幫助我們工作，暫時把東西黏接住，最後還是要靠螺絲釘把它固定。當然如果工作時間沒有壓力，可以使用木工專用膠，在每個需要接合的點都先上膠，再鎖螺絲釘，這是最堅固、也最標準的做法，只不過萬一要拆就難拆了，但我們沒有要拆，所以還好。

接下來，就是要鎖螺絲釘。剛剛我們有説甲板橫條要放在船舷下 1.6 公分，反過來外側，量出 1.6 公分，把船舷的長寬做一個標示，標示之後畫一個對角線三等分，就可以鎖兩根螺絲釘。

選用 1.5 吋的粗牙螺絲（約 3 公分左右），這樣的強度才夠。因為船舷是 1.6 公分厚，所以至少要多出一倍，才有強度。通常帽徑是 6 公釐左右，所以要用 8 公釐的銑刀與 3 公釐的引洞。

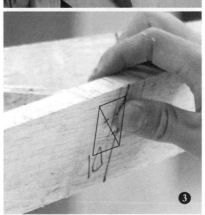

3 公釐的引洞是為了螺絲釘旋轉到木頭時不會讓木頭龜裂，8 公釐的銑刀是為了讓螺絲釘可以埋進去；現在有一個工具叫沙拉刀，就是把這兩種東西合成一樣工具。

　　如果沒有沙拉刀，也可以用兩個工具代替，就是一個 3 公釐的鑽尾，和一個 8 公釐的鑽尾，先鑽 3 公釐之後，再用 8 公釐去轉。那銑刀的深度要很小心，不可以超過木頭二分之一的深度，現在的深度是 1.6 公分，所以只能銑到最多 0.8 公分的深度，那怎麼去控制它呢？可以用膠帶，在銑刀 0.8 公分的地方，用膠帶黏起來做記號。

　　銑完洞之後，螺絲釘因為要兩邊各二根，引完洞上鎖的順序是：假設右側先上第一根，再從左側上第二、三根，再到右側上最後一根。因為如果同時把一側的螺絲釘都鎖上，力量將使橫條往一側偏移，那角度可能就會跑掉。

順序與修正

　　如此一來，就完成一根甲板支撐橫條的放置，其他每根橫條依序處理。假設是 D1 到 D7，那我們先做 D1 和 D7，目的是不要讓好不容易擺好的船型跑掉，所以把頭尾先做好，然後把絕對位置的橫條上鎖，剩下就均分結構。

　　遇到鋸不準、無法吻合的情況時怎麼辦？照道理整個斜切面應該要能貼合船舷內緣，可是鋸不準的斜切面就貼合不起來，如果只差一點點，可以用木屑或木

片補進去膠合之後再鎖，萬一差距很多，就要修正。

　　如果不是背靠和腳踏位置的橫條，可以接受前後差異一點點沒關係。不用浪費材料，重新拿鐵尺，貼著船舷的內緣，再畫一次；另一側同樣貼在船舷的內緣，上面和側面畫一次，得到它的兩個複斜。

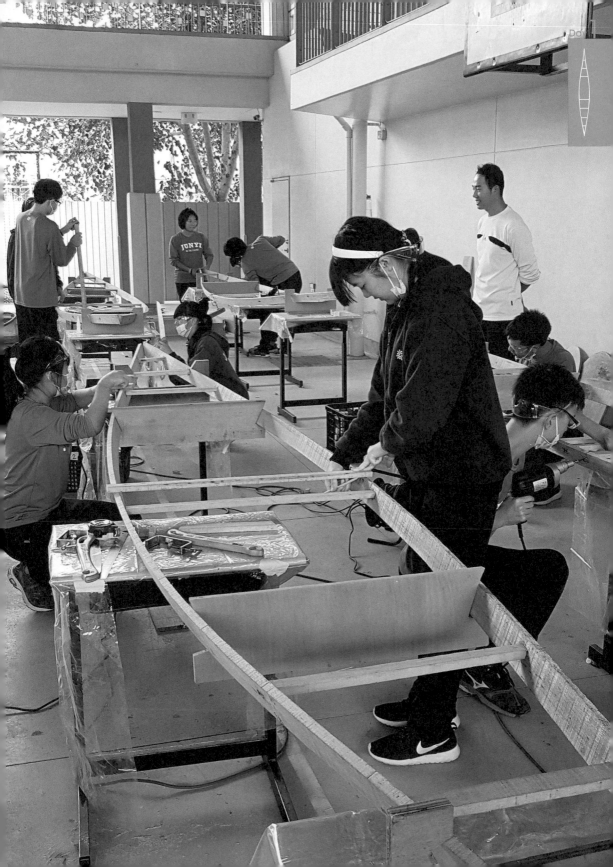

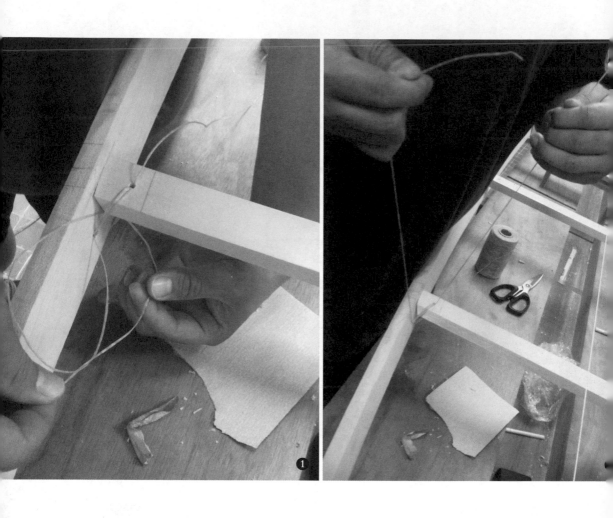

我們原來放在上面是因為木頭比較大，鋸完以後已經可以放下去了，這時候修正的方式就可以拿鐵尺直接畫在木條上，然後緊貼著船舷內緣，一個放上面，一個放側面，畫完之後就找到兩條線，通常鐵尺寬 3 公分，就把這兩條線往外平行移動，得到修正的角度。

這是最有效的一個修正方式，很多人想說差一點點就用工具去磨，其實怎麼磨也磨不出那個角度，不如就利用這個方式，直接重新畫出兩條線。當然鋸子有它可工作的最小厚度寬度，如果畫完發現兩條線離要修正的只有 2 公釐，基本上是沒辦法工作的，最好是至少有 5 公釐的工作範圍，鋸片才有辦法下去，可能會小一點沒有關係，只要不是絕對位置的甲板橫條。

傳統木栓接合

如果不想用螺絲釘，想要用木栓，怎麼固定呢？你可以買到市面上差不多是 8 公釐的木栓，建議不要用竹筷，因為竹筷的強度不夠很容易斷掉。木栓本身有一些溝槽，比較有彈性。假設買的是 8 公釐的木栓，那孔徑就要鑽 7 公釐，因為木頭有柔軟度，如果剛好買 8 公釐又鑽 8 公釐，在引洞的時候稍微晃動一下，這個洞就會超過 8 公釐而變得太大，木栓將無法緊密連接甲板和船舷，所以必須小於木栓的直徑。

鑽完洞之後，用木槌把木栓敲進去，一樣是一根橫條要用兩根木栓。

開始覺得好像是緊的，但船舷有它的張力，可能使橫條和船舷分開，我們需要在木條的上緣鑽一個洞，船舷的側緣也鑽一個洞，這裡不能用棉繩綁，因為棉繩沒有強度，需要用牛筋繩把它綁起來；綁法跟下一節中綁「船刀」概念是一樣的，就是一直用單結把它盤起來。

一側船舷引洞綁好後，接下來要換另一側引洞綁，而非同側，等於前後拉緊，所以每一根甲板橫條都需要做這個動作，其實是很繁複的工序。光靠木栓是不夠的，這是傳統的做法。

重返校園
主動學習的小孩

　　台北市勵友中心有一個國二的孩子，學習狀態瀕臨中輟，家庭有點失能狀況，由阿嬤撫養照顧。但這孩子學習態度很好，在造舟營隊過程中，不管是操舟訓練或造舟，都是表現很好的孩子。我常常就會想：那為什麼他在學校的學習無法得到肯定呢？

這是我們在教育上需要思考的，現在把所有的孩子放在同一個框架下教育，並沒有真正的「因材施教」，因為每個人不同的特質，而產生所謂的「優劣」，但「劣」的孩子不代表他所有學習都是不好的。

造舟表現良好的這個孩子，經歷過十天營隊生活結束後，很企盼地跑來問我：如果未來他念書，有什麼學校是跟划船有關係的？

我說，可以考高中輕艇隊。剛好台北某所高中有輕艇隊的體育班，但如果只是國二生，是無法考高中的，所以我們鼓勵他，國二升國三要入班，才能夠在國三的時候去爭取考試，在高中的時候加入輕艇隊，那就跟划船產生連結。

本來我對他的提問不以為意，可能我說說、他聽聽而已，沒想到隔年五月，這個孩子居然主動打電話給我，要我為他禱告，因為他下週馬上要去考試了。他給了我很大的震撼，雖然這件事情是一年後才感受到影響，可是事實上造舟結束所產生的影響早已深埋在他心裡面。

所以一年後他告訴我要考試時，我非常開心，也有一點慚愧，畢竟我對這個孩子不是那麼熟悉，也沒有信心他真的會因為這樣子去準備考試，結果還出乎意料地真的考上了高中的輕艇隊。

記得高二那年我請他吃飯，他還問我要如何把英文念好？我又再度感到震撼，一個因為划船開始念書的孩子，想要把英文念好，我問他為什麼？

他說，「一個國家代表隊的選手，英文必須要好。」他開始有了確切的方向，並且朝著明確的方向往前走。

我覺得教育就應當如此，我們現在給孩子教育的目標是模糊的，是大方向，是籠統的。家長永遠會跟孩子講，你只要把書念好，你只要把考試先考好，未來的前途垂手可得。可是孩子對這樣的目標完全模糊，因為他是在滿足大人的目標，不是自己的，這樣的例子到處可見。

雖然最後那個孩子很順利地從高中畢業，卻因為家庭因素選擇當職業軍人，擁有一份最有保障的收入。但這事實也證明了，孩子若有一個具體的、自己的目標，他就會有一個具體的、自己主動的學習。

Day 2

任務一

船刀
Boat knife

Breast Hook

Gunwale

Stem

30°

工具

筆

鐵尺

鐵鎚

鑿刀

電鑽

6 公釐鑽頭

曲線鋸

量角器

材料

120x14x1.6 公分柳安／扁柏

棉繩

以格陵蘭舟這種海洋舟來講，船刀具有破水又破冰的功能，不過在台灣並不需要破冰，獨木舟的船刀座落在船舷的角度，就非常重要。一般造船遇到船刀的時候，總是會想著要把它弄得很花俏，比如龍舟、威尼斯的貢多拉船（Gondola）很漂亮，可是這種海洋舟（Kayak）就不適合，因為它要的是功能上的需求，而不是外型，所以角度上就必須有一個規範。

角度規範

其實，不符合這個角度規範的海洋舟還是能划，但在蒙皮的時候會比較辛苦，所以符合這個角度是滿足兩個需要：第一是實際上的功能，要破水破冰；第二是蒙皮的時候，這個角度的大小會讓蒙皮更加容易，即我們所規範的大概 20 度到 30 度。

如果超過 30 度，甚至超過 45 度，就有點像河流舟（Canoe）的角度，那蒙起來就很辛苦。所以不建議超過 30 度；低於 20 度也不是不行，但船刀會變得很長，因為角度越小，相對船刀延伸到能夠碰到這艘船的吃水深度，就會越長。那麼，想用 15 度可不可以？當然可以，但相對你的船刀就要很長。

在教學上，船刀的規格會用 14 公分寬，1.6 公分的厚度，長度大概 120 公分的木板，來做船刀的設計。注意到 1.6 公分常常出現，是我在規劃這艘船的一個慣性，如果全部要用 1.8 公分也可以。

為什麼說全部？當板材的厚度都一致的時候，在很多作業上會比較容易操作，所以 1.6 公分不是一個絕對規範，而是一個慣性規範。什麼叫絕對需要、什麼叫慣性需要呢？慣性需要就是依照個人的經驗值，來呈現他的規範，所以我不會告訴大家說這些規範是固定的標準，你可以把它變薄，也可以變厚，重點是你自己的船要怎麼做。

學會這艘船怎麼做的時候，就不會再問我到底要 1.6 公分還是 1.8 公分。但一開始，還是希望大家先以別人的經驗值去做一艘船，比較能少碰到一些問題。

回到船刀的規範，1.6 公分厚、14 公分寬、120 公分長度，這樣比較節省材料。在削切的時候，船刀就進入形狀的設計。通常我們會把船刀和船舷下緣的接觸點，放在三分之一也就是 40 公分的地方，把這個點放在中心位置，船舷是水平的，船刀往下擺，差不多是 20 到 30 度。有人會問那到底要幾度？建議可取中間值 25 度，這是經驗值，不會影響太大的行水性。

預留船首壓板缺口

在設計船刀之前，因為設計上會有一個缺口，便要提到**船首壓板（Breast Hook）**，有一個榫的概念，用字義來解釋就是抓住東西，透過壓和抓，把船舷和船刀用這個船首壓板連結在一起。

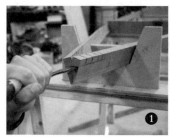  

所以，我們要預留船首壓板的缺口。在設計船刀之前，就要把船舷兩端的船首壓板所需、厚度為 1.6 公分的凹槽先鋸出來，從船舷的前緣開始往內縮 10 公分來做出缺口，前後都一樣，鋸的方式可以採取由上往下切到 1.6 公分的厚度，再由前緣鋸到後面一刀下去，來產生那個缺口。

缺口如此鋸法，是因為木材有紋理，如果一開始鋸歪了，可能一路歪下去。所以若沒有把握，建議採取段切的方式，在這 10 公分的路徑上，以每隔 2 公分鋸一個由上往下的缺口，到 1.6 公分後，再由前緣往內側鋸，一小塊一小塊前進的路徑，便不至於一次鋸歪就全歪了。當然你要一次鋸到底也沒有問題。

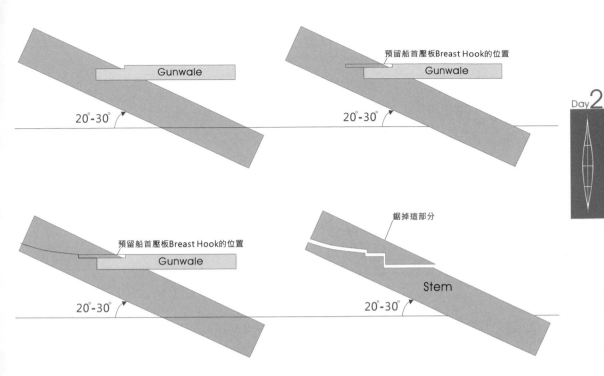

預留船首壓板Breast Hook的位置

Gunwale

20°-30°

預留船首壓板Breast Hook的位置

Gunwale

20°-30°

鋸掉這部分

Stem

20°-30°

畫船刀設計圖

　　把兩側的缺口都鋸好，也就是說已經預留出船首壓板在船舷上的 10 公分缺口，就可以開始把船刀長度 40 公分中間位置和寬度 14 公分的中間點 7 公分處，放在船舷的下緣，與地面呈 25 到 30 度。

　　至於，怎麼去找出這 30 度的角度？可以用量角器，描繪出船舷要放的位置，從船舷缺口的上緣、剛剛畫出船首壓板的地方，往船刀延伸 5 公分，再往上畫 1.6 公分，等於 10 公分加 5 公分就是未來船首壓板要放的位置。

　　接著，從船刀上 1.6 公分的位置再往船刀的最前側微微地彎曲，預留差不多 3 公分的厚度來做船刀的尖度，不能太尖，這樣的設計就是將來鋸好之後，可以讓船舷放在上面，還有船首壓板可以貼在上面。如此便完成船刀的設計，船首、船尾基本上是一樣的。

也有人會問：船首船尾的角度需不需要一樣？剛剛已經強調這個角度是為了蒙皮的便利性，還有破水破冰，想要船首 30 度、船尾 25 度也沒有什麼問題，不過以船的造型來講，船頭的角度會比較小一點，船尾會比較大一點，基本上可以採取船首小角度（例如 20 度），船尾大角度 30 度，這樣就可以有一個前後之分。

坊間製造的海洋舟有些尾巴到 90 度，因為尾巴沒有切水的需求，就會用這樣的角度去設計，讓船尾部的吃水量比較寬，角度越大吃水越多，對我們來說是蒙皮上比較難，如果不要採取一次把皮蒙完，用切開來縫製的方式，就沒有問題。後面講蒙皮的時候，會知道有兩個方式可以去蒙它。

鋸船刀木板

設計好之後，要用到新的工具了，前面用的都是手鋸，接下來要用的是曲線鋸（Jigsaw），台語叫「丟丟銅」，如果跟木工師傅借曲線鋸要記得說是「丟丟銅」，不然可能借不到。千萬不要只說「電鋸」，因為我們所謂的電鋸，可以分為：曲線鋸、帶鋸機、線鋸機、桌鋸、軍刀鋸、鏈鋸⋯⋯未來可能更多種電鋸，所以要記得說清楚是「曲線鋸」。

曲線鋸的用法是必須平貼在板材上面，在鋸之前要做一個確認，在平台內側有一個六角螺絲有沒有鎖緊，它是用來調整平台角度的。除非你是要鋸一個斜 20 度或 30 度的木材，它可以讓你貼著鋸過去，不用手去彎；如果沒有鎖緊，鋸的時候可能會歪斜，這是我們用具第一個要注意的部分。

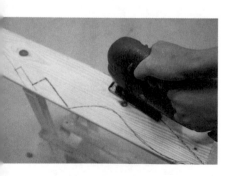

接下來使用曲線鋸的時候，手的姿勢要有一個按壓的動作，通常慣用手會用右手去按按鈕，左手必須要扶住這個鋸子，因為它會彈跳得很厲害，所以台語才會叫做「丟丟銅」，壓住再去操作，把船刀的缺口鋸出來，之後就可以把它固定在船舷上面。

綁船刀與船舷

在船舷的前緣到下方，也就是這個L型的位置，畫出三個三角形，前緣較窄，需畫出一個以船舷上面是頂點、船刀上面是兩端的三角形；依序下個三角形是船舷上為兩端、船刀上是頂點；第三個三角形又反過來，船舷上是頂點，船刀上是兩端。

三個三角形的點是鑽孔的位置。鑽完孔之後，開始用棉繩固定；當然牛筋繩會更好，但是不建議用，因為用力拉緊時手會很痛。棉繩要做兩股的固定，怎樣用棉繩穿過船舷和船刀呢？就像針要穿過木頭一樣，線是軟的，不需要一根長針，用液狀瞬間膠「點膠」。

點膠的方式是找一個小木頭，把棉繩放在木頭上，用瞬間膠點過去，乾了之後就會發現棉繩堅硬像針一樣，可以穿過船舷和船刀的部分。兩端都

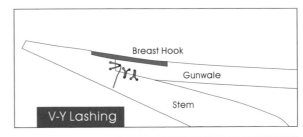

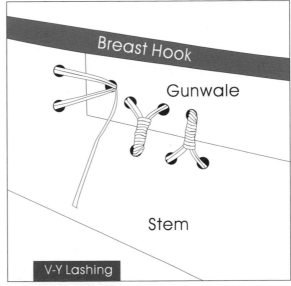

做好之後，棉繩長度約略抓 120 公分長，共三條。

　　把船刀固定住，繩子先從三角形的頂點穿過去，兩邊長度一樣，兩邊都從頂點穿到另一側的端點，拉過來再回到頂點，就會發現在頂點和端點之間有兩條線，稱之為兩股；從另一邊穿過沒有線的端點，再回穿到頂點，就可看到從頂點到兩端之間都各有兩股。

　　剩下的繩子就把三角形兩邊各兩股由下往上穿過這兩股綁一個單結，兩側都一樣。綁緊之後，依序由下往上綁單結，一直推到最後沒有繩子的時候，會發現由數個單結串成的這個結很堅固，能把兩端抓住。另外一邊也是一樣做法，建議這個可以由兩人一起做，會比較有趣，後面還有兩個三角形做法都相同。

　　剩下的繩頭，可以先剪掉，再於繩頭點一下膠，最後確定全部都沒有問題後，把它全部點膠固化。天然棉繩時間久了因為潮濕或細菌，容易腐蝕、斷掉，失去強度。當我們用瞬間膠把它固化之後，就不會有這個問題了。

　　點膠是必要的，但用瞬間膠點的時候要小心，會有灼熱和煙，需注意安全。另外，凸起來的點會變得尖銳，可能將蒙皮刺破，最後要記得檢查，將其磨掉。

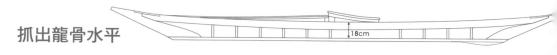

18cm

抓出龍骨水平

　　完成船首刀和船舷的固定之後，另外一側也是這樣做。兩側都完成後，就可以把船舷反過來放。這時候，從船舷上緣到龍骨的內側，需要 18 公分的深度，這個非常重要，記得前面在示範治具時，從底板到上緣設計是 12 公分，可拿來直接放在翻過來的船舷上。

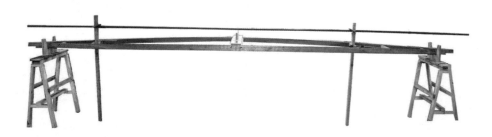

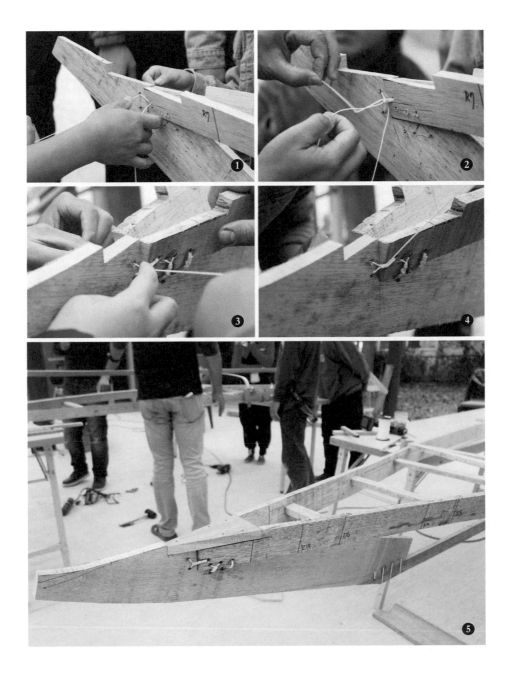

因為船舷寬度的設計是 6 公分，雖然有一點斜度可是差異不大，所以就直接用這兩個的深度加起來就是 18 公分，以這樣的治具擺在上面，抓出龍骨的水平，在兩邊船刀的下緣，各畫出一條線，畫好線後就可以把兩邊船刀鋸掉。

龍骨與船刀固定

鋸完之後，準備把龍骨固定上去，先從兩邊船刀的外緣，沿著船刀邊往龍骨畫一條線，記住這是螺絲釘不能鑽的地方，不然直接鑽螺絲釘，待會就鋸不掉了。所以畫出線後，大概每隔 3 至 4 公分為間隔下一根螺絲釘，太多也不好，結構上容易強度不夠，這是第一個方式。

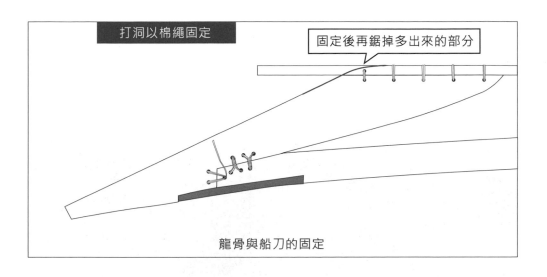

打洞以棉繩固定

固定後再鋸掉多出來的部分

龍骨與船刀的固定

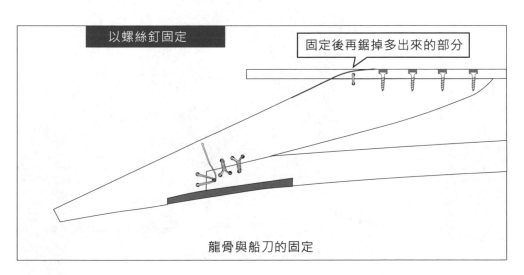

以螺絲釘固定

固定後再鋸掉多出來的部分

龍骨與船刀的固定

這個方式有些人會擔心木頭都才 1.6 公分，每 4 公分鑽一根螺絲釘，木材將來所能承受的力量夠不夠？整艘船完成之後，是由各種經緯結構所構成，力量承受不會在這個點上，所以我覺得不用擔心。

　　如果還是很擔心，有個傳統做法，在船刀下緣，每隔 3 至 4 公分穿洞，用繩子綁起來就可以了。這是龍骨固定在船刀的方式，有了船刀和龍骨之後，接下來就可以做一個很重要的東西，把最中間的肋骨做出來。

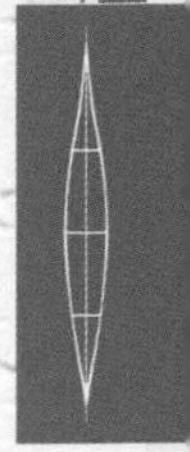

Day 2

任務二

肋骨
Rib

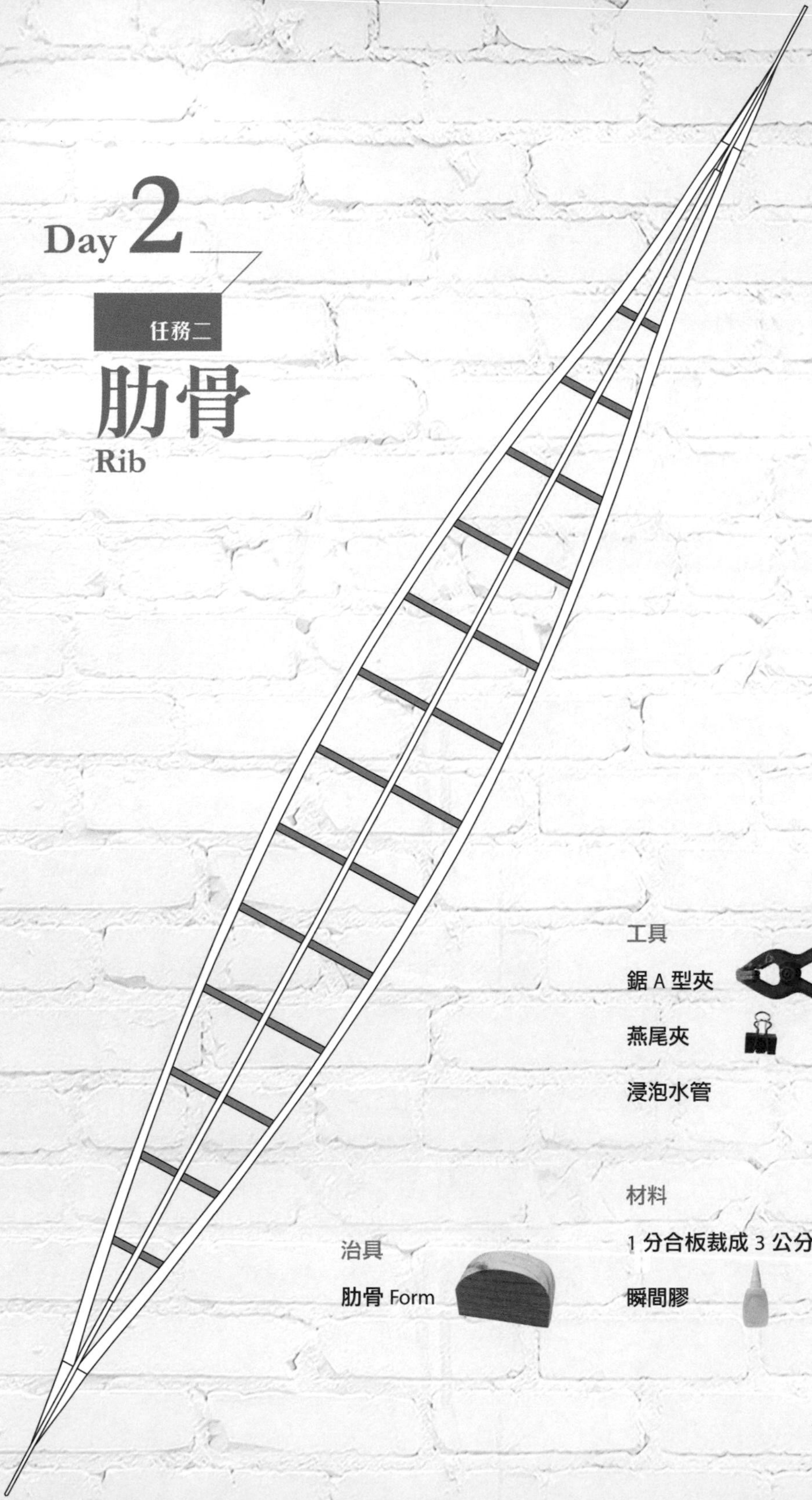

工具

鋸 A 型夾

燕尾夾

浸泡水管

治具

肋骨 Form

材料

1 分合板裁成 3 公分寬

瞬間膠

在講**肋骨（Rib）**之前，我們需要知道，肋骨的形狀跟獨木舟的關係。

其實船的穩定性和效能，跟它的肋骨有很大的關係，通常我們肋骨會有三種形狀：V、C、U。一般船頭船尾很瘦，不太可能做成C，不得不做成V，可是U跟C之間的取捨就在於自己製作決定。如果你的肋骨都彎成C，那這艘船就會非常地敏感，當你稍微有一點搖擺的時候，將找不到所謂的第二平衡，容易翻船。有一種船需要很敏感，甚至可能接近V，就是比賽用的輕艇，又瘦又敏感，如果停下來其實很不容易穩定。

肋骨（Rib）型態　VCUCV

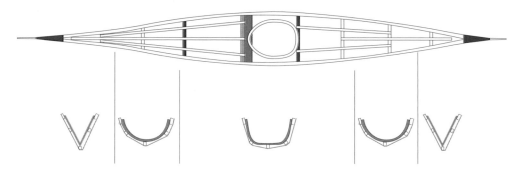

我們要做的是休閒的海洋舟，如果把船分作四等分來看的話，中間的二分之一應該要呈現一個穩定狀態，就是人所坐的位置，所謂的穩定狀態就是你的肋骨要用「U-type Rib」。

當然可以把前後加起來的二分之一做成C，接近U的C，最中間的中心點位置是U，這樣從「接近U的C」到U之間的變形，船還是一個穩定狀態。

何以提到「接近U的C」呢？因為這艘船接近船頭船尾的時候，需要一個切水的效能，太平的話基本上很穩定，所謂的穩船不快，快船不穩就是這個意思。

需要快，那前面就要有C，所以一般我會把船規範為VCUCV，這是一個

常態性的規範。假設你希望船非常穩、輕鬆地划，那就規劃為ＶＵＵＵＶ也可。
這是你要先了解的肋骨型態有這幾種。

肋骨（Rib）型態　VCUUUCV

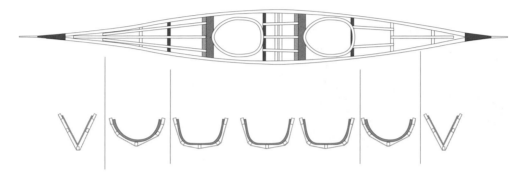

彎肋骨

　　要怎麼彎肋骨？傳統的木作骨架蒙皮舟的肋骨，是用接近 0.6 公分厚度的原
木，扁柏類，就是所謂的檜木。檜木有分台灣、日本、美國、越南等地，如果真
的要用檜木，比較經濟的是美國檜木或越南檜木。這種扁柏類的檜木在彎曲上比
較容易，如果要用它來製作肋骨，就必須先浸泡於水 24 小時，讓木頭都充滿了
水分，再放到蒸氣室蒸煮 15 分鐘左右，就會增加木頭的可塑性。

　　U 的部分事先要標示好彎曲點，從龍骨到
船舷之間延伸出去的 70 度，其彎曲點一定在
這個交點的內側，產生出弧度，所以木頭一蒸
出來之後，就要在所畫的這個彎曲處，用雙手
（當然要戴手套）快速把它彎到所需角度，插
到船舷裡面去，就可以固定。

在教學上，為了安全起見不會用這種做法，因為蒸汽的溫度是 300°C，以下的做法是教學上的浸泡法：

肋骨的膠合，我們會採取用 1 分的合板，浸泡於水中大概 10 分鐘上下，其實木板就都浸濕了，寬度是 3 公分，把它放在龍骨的上面，然後在船舷下用木條貼著內緣畫出一個角度做記號，這個部分就是彎曲點。

由於船的深度是 18 公分，彎曲需要一個角度，所以把它放在船舷上時往兩側多抓 15 公分的長度，浸泡後，有兩個方式可彎曲它。合板本身有膠合面和非膠合面，通常膠合面在內側會比較好彎曲，也會有一些意外，所以建議先試一下。

感受手的力量

彎肋骨要用徒手去彎，基本上需要用手部的力量去感受它，當你覺得需要用力時，就不要用力，稍微把它放鬆一點點，然後再慢慢施力。如果你意識到想要快，這時候就要慢，否則下個動作當你快的時候，木板可能就彎斷了。

這個技巧也是提醒：使用所有的工具跟手作事情，一定要記得，當你需要特別用力的時候，可能是施力方式不對或工具使用不對，所以才需要特別用力。

一個正確的方法，絕對不需要你特別用力。如果你正確使用，工具卻需要你特別用力，那就代表所用工具產生問題。記得使用工具或手作時，發現需要用力時反而要提醒自己：

不要用力！此時應該做的事是，去檢查是否操作錯誤，或是工具有問題。如果繼續用力可能產生兩個結果：一是你的雙手會受傷，二是你的工具可能會壞掉。

回到彎肋骨的部分，要耐住性子去彎，慢慢彎絕對比急躁地去彎、不斷地斷掉重來要快許多，這是彎肋骨時必須養成的一個習慣。這是徒手彎的做法之一。

另外介紹一種小治具，稱之為「麵包」，因為長得很像切出來的麵包。麵包有一個凸點，把彎曲的點放在這個凸點上，雙手包覆所彎曲的地方，用感覺去彎曲它，當你感覺到木頭在適度用力下，慢慢慢慢往下彎，這就對了。

如果沒有耐性，覺得這樣速度太慢，想要快速把它彎好，可能會得到一個苦果：就是斷掉，又要重來。所以記得老師講的：慢慢做，快快完成。

三片肋骨膠合

肋骨兩邊都彎好了，就可以放進在船舷的內緣和龍骨的內側，把它頂上去，不急著將船舷和肋骨的中間做膠合，先把兩側用 A 型夾夾住，點膠做暫時的固定。這樣就完成第一根，接下來第二、第三根要膠合在一起。

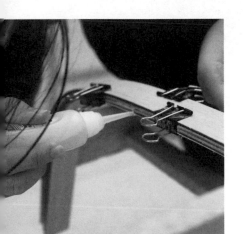

第二、第三根都彎好的時候，把第二根疊放上去，可以選擇由左到右或右到左依序膠合起來，也可以選擇由中間往兩側膠合，切忌從兩側往中間膠合，這樣會發生木板無法吻合的悲劇。

在膠合肋骨的時候，有 A 型夾把船舷和第一片肋骨夾住，用液狀瞬間膠由兩片的中間點膠，因為液體會有毛細現象，就會滲到裡面。

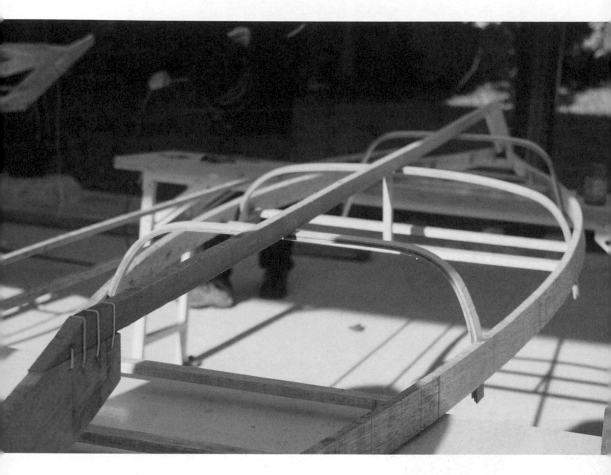

接下來準備三、四個燕尾夾，每隔 3 公分夾一個。

　　一開始先夾兩個，夾完第一個和第二個，就可以在第一段先點膠，繼續燕尾夾一和二中間的第二段，再點膠滲進去，點第二段的時候則可夾第三個，再點二跟三之間的第三段。

　　這時候其實第一個部分經乾了，燕尾夾可以拿起來，放在第三個的後面，繼續點第四段的膠，如此依序慢慢前進，完成兩片的膠合，第三片也是如此跟第二片黏在一起。

三片都膠合完成之後，就完成一根肋骨的製作；U 肋骨之後，就把前面二分之一段的 U 或 C 跟後面二分之一段的 U 或 C，第一根可能是 R5、中心點可能是 R8 或 R9、然後尾巴是 R11 或 R10 這三根最重要肋骨都完成。第二天做到這樣就差不多。

挫折

我們在彎肋骨的時候會遇到很大的挫敗感，因為合板本身在製作時難免會有一些空隙，這個空隙不管怎麼小心都會在那個地方形成一個斷點，彎的時候就會斷裂。但因肋骨是由三片組成，假設木板沒有完全斷，不要浪費，可以把它放在第二片、中間的位置。

因為肋骨是三片膠合，只要最後、底下那片沒有斷掉就好，甚至第一、第二片微微折到、不是完全斷掉、只要不是在同一個折線上，其實我們膠合時都可以彌補這個折點，不用馬上放棄，除非整個弄斷才需要換一根。

斷掉的木板也不必馬上丟掉，後面我們還會有製作腳踏和坐墊的肋骨，所需要的長度是微彎的，所以還是用得到。當然彎曲肋骨在整個造舟過程是非常消磨心志的一件事情，需要定下心來製作，要很專心，必要時建議可以聽音樂，一個人做的話，戴耳機可以更安靜地在自己的世界裡面慢慢完成。

這件事絕對不能在心浮氣躁時完成，如果已經彎到挫折感很重，建議先去做一點別的事情再回來做肋骨。我們在工作時常常需要轉換一個位置，來找到一個新的開始，這是需要學習的。

也就是說，當你不斷重複去做一件事情，卻發現你的耐心、遭受的挫折感，已經不能夠讓你專心，這個時候請去做點別的事情，不要太在意自己彎斷多少根，當然也不要以彎斷很多根自豪，轉換之後再回來繼續，這是我們在工作上需要建立的態度。

肋骨彎法
示範

肋骨膠合
示範

為成功
落淚的小六學生

　　2013 年，造舟營隊裡有一個小六的孩子，他是來自一般家庭的正常小孩。在造舟最後驗收結束之後，有一個頒發證書和發表心得時間，這個孩子在發表心得時哽咽哭泣，我就問他為什麼要哭得這麼難過？

　　他講了讓我們現場的教育工作者聽了都會很難過的一句話，他說：他很開心，「在我這一生中，從來不覺得我有機會會成功，但我做到了，我成功了。」

聽孩子這樣講，是很開心他成功了沒錯，但也很難過，為什麼我們的教育讓一個小六的孩子，在過去的學習有這麼大的挫敗感？他為什麼會認為自己沒有機會成功？可見他在學習的過程中，可能不斷被否定、被打擊，因為沒有滿足學習上的要求。

後來我在各種課程中都一直強調，我們應該先要求孩子「好」就好了，「good enough」就好。我們現在要求孩子都是要「非常好」，要「優秀」，當我們沒有把標準放在 good enough 的情況下，很多孩子沒有成長空間，因為那個標準對他來講是壓縮的。

也因為這孩子的故事，讓我不斷去告訴許多家長，我們應該給孩子一個「我可以」的教育理念，他其實是可以做到，他需要的是我們給他更大的空間，循序漸進，讓他達到目標。所以，可以說是因為這個孩子，讓我在教育上做了很大的一個修正。

Day **3**

任務

骨架完成
Skeleton

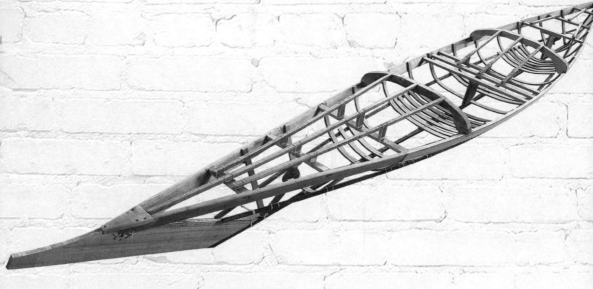

工具

捲尺

鋸子

剪刀

材料

80x1.6x1.6 柳安／扁柏

480x3x1.0 合板

瞬間膠

棉繩

龍骨先以方迴結固定好，再固定**側舷（Stringer）**。側舷是放在 U 形肋骨的轉彎處，如果前面兩根肋骨用的是 C、U、C 的話，C 的弧度基本上沒有固定轉彎點，可以依著中心肋骨的彎度，把它彎曲到前面的部分，大概也是在龍骨和船舷的中央位置。

側舷的位置會決定 V 型肋骨（V-Rib）角度的大小，如果把船倒過來看，龍骨和中心肋骨兩個轉彎點的側舷連起來看就是一個 V，這個 V 的角度越大，表示船的穩定性會越好。但如果完全是平的，船也不好划，因為它沒有循跡去切水，所以基本上是需要一個大角度。

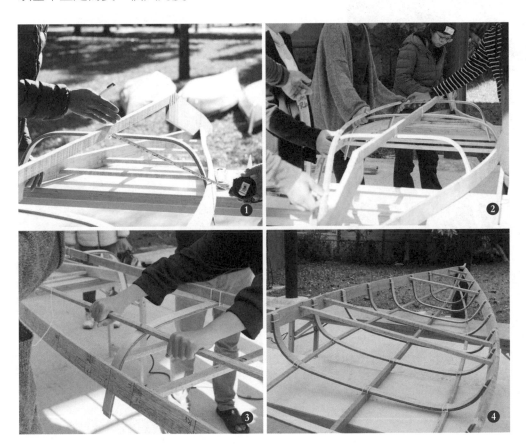

我們把兩個側舷木條靠在船刀的兩端之後，有兩個固定方式：一個是貼在船刀上面，把靠到船刀的部分削出一個平面，讓它能夠貼著船刀，當然邊邊如果是尖銳的，就要用砂輪機或刨刀把它刨掉，再鑽孔綁繩，這是一個快速的做法。

另外一個是以傳統格陵蘭做法，把側舷木條頂到船刀就好，甚至不碰到也沒關係，然後把兩個木條用牛筋繩或棉繩繞過約三股之後，再依序從左到右或右到左、就像綁船刀或船舷時一樣，用單結依序地綁到另外一側，來強化這個結，這樣就可以固定側舷。

方迴結

有了船舷、側舷、龍骨，我們就可以看到整個船的下半部，產生五根垂直的結構，這五根垂直的結構與三根主要肋骨都膠合之後，接下來就要用**方迴結（The Running Lashing）**來固定它。

方迴結的長度可以取 120 公分左右的棉繩，先以一個單套繩綁住肋骨的一邊，拉起來之後由肋骨繞過龍骨，再依序繞過肋骨，由上往下壓過龍骨，由下往上拉住肋骨，大概拉三股，就可以完成方迴結。剩下的部分直接用液狀瞬間膠把它點住固化，再剪掉就可以了。

每一個垂直的結構，只要木頭碰在一起，都要以方迴結來固定它，完成這個部分後，會發現

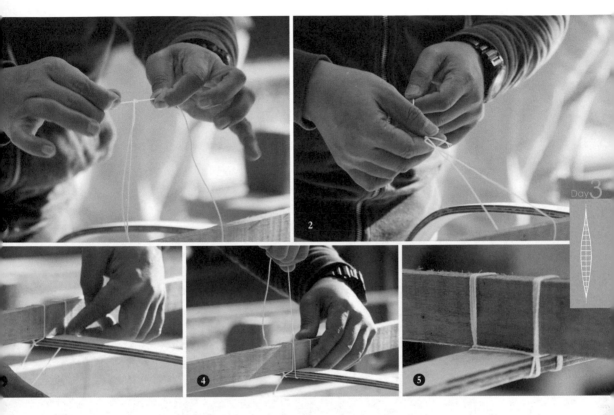

整艘船的形狀下半段已經出來了。

　　剩下的任務，便是依據一開始我們在船舷上所做的肋骨位置標示，以三個木片膠合成一根肋骨的方式，依序膠合在這五根（船舷 ×2、側舷 ×2、龍骨 ×1）垂直的骨架上面，即可完成下半段肋骨。

　　第三天以完成骨架為目標，有許多重複的工作，看似單調，其實很重要，是考驗耐心的一天。

側舷綁法
示範

方迴結綁法
示範

不會游泳
的老師

　　這是一個戰勝恐懼的小故事。2014 年是第一屆「海洋之心」造舟，我們的目的是希望透過這一屆的造舟營先由老師來學習，然後第二年有機會透過種子老師再指導學生，所以第一屆就是單純的教師造舟營。總共來了十所學校，每所學校派四個老師，所以有四十個老師共同來學習。

　　我印象很深刻有一個老師不但不會游泳，而且還非常怕水，就不知道為什麼

他還能勇敢地來參加獨木舟造舟營隊，但也因此讓我們發現，不是只有小孩，包括大人對水的恐懼都是很深刻的。

有鑒於水上活動有許多裝備上的需要，要有浮具，要有救生設備，更需要具有使用裝備的能力。所以，我們造舟的第一個階段就是教老師們怎樣穿好救生衣，怎樣在泳池裡面學好漂浮。而這位旱鴨子老師，即使在游泳池穿著救生衣做漂浮，都幾乎要哭了。只好不斷地鼓勵他，告訴他救生衣浮具的功能。

為什麼要鼓勵他穿救生衣漂浮在水面上？其實就是要讓學員們知道，你划船不用擔心船在水中翻覆的危險，因為你信任你的浮具。把這樣的恐懼先拿掉，基本上就不怕翻船了。

因為，翻船大不了還是可以浮在水面上！所以我們會教大家怎樣翻覆落水、在水面上安全地靠救生衣浮起來，接下來才是教他如何從水中回到船上。

這位老師在 2 小時的泳池訓練中，第一他要克服自己穿救生衣浮起來的心理壓力，大概花了 30 分鐘，他才肯走到泳池中間，那個泳池高度也不過才 110 公分。我們要他躺下來，把腳伸起來，呈現一個漂浮的動作，他要花 30 分鐘才做得到，我相信這不是個案，很多人都是這樣。

接下來更難，我們要學生翻船復位，你要坐在船上讓自己跟船一起翻覆，也是很困難。我記得那位老師花了 20 分鐘，做足了心理準備，才終於願意把船翻覆，讓自己倒在水裡面。

這其實不是個案，這是台灣這個海島國家很多人的狀態，我們因為對很多知識的陌生、甚至無知，而陷入恐懼與危險當中。為什麼台灣每年有這麼多戲水的意外會發生？因為我們不是死於危險，而是死於無知。

從這一點也可以看出，身處在這個四面環海的國家，台灣對海洋和對水性的教育基本上是很薄弱的，一般人總覺得你不會游泳就沒有資格去玩水上活動，所以「旱鴨子」就與「不能玩水」畫上等號。

這個老師經過短短七天的訓練之後，不但戰勝自己的恐懼，在我們驗收的時候，能獨自划著單人海洋舟在淡水河上划 4 公里，我個人覺得很不可思議。

Day 4

任務

艙口橫條
MASIK

材料

80x18x4 公分柳安／扁柏

螺絲釘

工具

筆

鐵尺

電鑽

鑽頭

曲線鋸

鐵鎚

鑿刀

砂輪機

完成下半段肋骨，恭喜大家，其實你已經完成一艘船了，就是一艘「Open-top Canoe」的獨木舟，我們單純將這部分骨架蒙皮的話，一樣可以行水，只要不是很大的浪，基本上河跟海都可以航行。

接下來，就要製作上半段最重要的一個結構，叫做**艙口橫條（MASIK）**或**膝靠（Knee Brace）**，也就是膝靠用的橫條。以一個厚度 4 公分的木頭，取高度 16 至 18 公分，類似ㄇ字形的方式，壓在船舷上，內緣會有木頭把它包住，有點像螃蟹的螯一樣，兩側抓著船舷。

設計製圖

設計方式：首先將厚 4 公分，高 18 公分，長度能夠橫跨先前我們在船舷上所設定好的膝靠的位置。放上去後，像我們在做甲板橫條一樣，由下描出它的下緣往前的斜度。再將直尺貼在船舷的內緣，畫出往下的斜度。

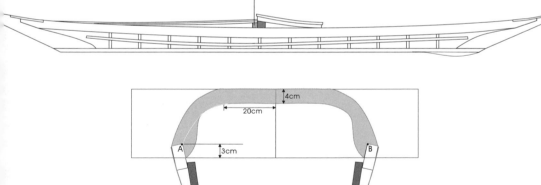

Knee brace / MASIK

艙口橫條
製作示範

　　畫出來之後，因為是跨在船舷的上面，必須預留 3 公分的厚度讓它沉在上緣以下，才有木頭可以從內側鎖起來，所以要把剛剛兩個複斜的交點、圖上 A 點和 B 點往上提 3 公分。往上提 3 公分之後 A 和 B 的距離，等於在結構上所看到的、船舷上像螃蟹螯所抓住它之 A 和 B 的距離。

　　當我們把木頭上面畫的 A、B 往上提的時後，剛剛所量的複斜就會有所變動，要把往上提的 A、B 等於船舷上的 A、B，原來所量測的地方需往內縮；平行內縮就會得到一樣的角度，這樣 A、B 兩點就找到了。

　　找到之後，我們從木頭上面垂直等分 A、B 間的二分之一，上緣的部分大概留 4 公分的長度，因為它需要比較厚實的結構。由上往下標示出 4 公分的位置時，橫向畫出從中心點往兩側各 20 公分，讓上面的膝靠橫條會呈現比較平面的狀態。

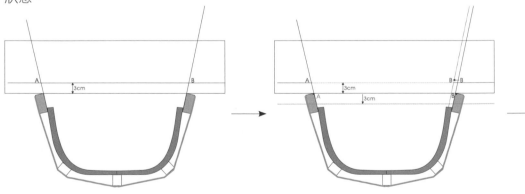

拉出 20 公分後，假設為 C、D 兩點，從 C 到 A 和從 D 到 B，我們用一個自由曲線畫一個圓弧。如果大家要更精準就拿紙做對稱描繪，不然就目測描繪，圓弧畫完後就是上面這兩點，即 E 和 F。

剛剛在底下畫出船舷上面的內緣跟上緣這個 90 度的部分，可標為 A1 和 B1，從 A 到 A1 之間就是船舷的厚度，約 1.5 公分，相對的 B 到 B1 也是 1.5 公分；從 E 到 A1 畫一個圓弧，從 F 到 B1 也畫一個圓弧，如此，艙口橫條形狀已產生。

可是剛剛從 C 到 A 畫一個點，還要往下延伸 3 公分，以 A2 標示，A2 基本上要在從 C 到 A 的這個曲線裡面，找出一個位置畫出往內側的圓弧，來產生一邊的厚度；另外一邊也一樣，從 B2 到 B 的曲線上畫出一個弧度，使內側船舷有木頭可以頂它，這樣製圖後可算設計完成。

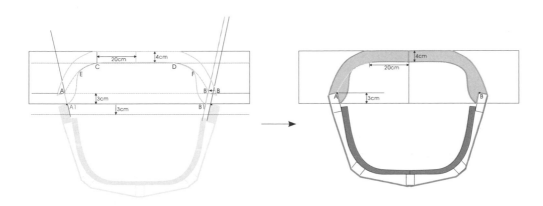

鋸複斜與磨 R 角

接下來要鋸了，首先，要像鋸甲板橫條一樣，先把複斜用鋸子鋸出來。注意，一定要用手鋸。

手鋸兩邊複斜後，A 到 A1 和 B 到 B1 這基本上是直線，也可直接鋸好。鋸完後，先把它放在船舷上看看是否可以密合，假設相差不多，可用其他的木塊去填補，此複斜就算完成；如果差異性太大，建議把整塊木板翻過來再重新描繪一次，重鋸一次。

兩邊都放上去確定可吻合之後，剩下內側和外側的曲線，可用曲線鋸把它鋸好。接下來，膝靠橫條內側是我們入艙的時候腳會伸進去的地方，所以它 90 度的角會傷到我們的腳，必須要用砂輪機把它磨出「R 角」。

研磨 R 角的步驟

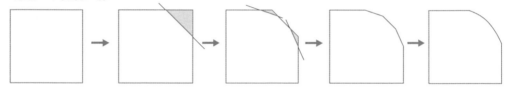

R 角的磨法一般可能會很自由地磨出來，但這樣在製作上是比較不恰當的，也沒辦法找到一個標準值。正常的 R 角磨法是：先把 90 度的角度削切出一個等寬的斜度，接下來把上面的斜度磨掉，再把下面的斜度磨掉，產生一個多邊形的概念，多邊形再慢慢把角磨掉，R 角會比較完整，所以內側 R 角是要小心去磨的。

鑿凹槽

磨完 R 角後，可以先套上船舷試試看，暫時還不能鎖，還有一個**在甲板的直木條（Deck Stringer）**。我們在這個結構上定義，只要跟船舷平行的都是直木條（Stringer），中間那根叫龍骨（Keelson），上面的因為在甲板上面，所以英文稱

之為「Deck Stringer」。

　　這樣的甲板直木條船首有三根，因為會壓在膝靠橫條（MASIK）上面，必須挖出三個凹槽，設定凹槽位置之後，先挖好再鎖上去，這樣會比較好作業。

　　凹槽的鑿法有兩種，一種是直接取直木條（Deck Stringer）壓在橫條（MASIK）上面，鋸出一個斜凹點，多出來的木頭則設法刨掉；另一種鑿法是在橫條上面鑿出一個 L 型的槽，讓甲板木條可以插進去，多出來的一點木頭一樣把它刨掉。

　　鑿好凹槽後，才將膝靠橫條（MASIK）放上船舷，從船舷的外緣像鎖甲板一樣用兩根粗牙螺絲去鎖，記得要用沙拉刀先引洞和銑洞才能鎖上螺絲。

甲板間的支撐

　　三根甲板直條建議在船首部分先把中間這根、在第一橫條處平放平貼，產生一個簡單的曲線，壓在膝靠橫條上面，用方迴結把它綁起來。

從側面來看，第一根甲板橫條（Deck）以外的、像腳踏橫條與甲板直條（Deck Stringer）之間會有空隙，結構上就比較不穩定，必須用木頭量出它的斜度，再把它放上去，做一個支撐，然後用方迴結綁起來，旁邊兩根也是這樣完成。

後面的甲板直條就比較簡單了，直接平放在上面，只是在背靠的地方中間要再放一塊支撐木頭，這樣我們接下來要做的座艙口放上去，才不會太下沉，導致沒有空間可以穿防水裙。

關於 T 形板或工字板的製作，它接近或貼到龍骨都可以，不過只能固定在背靠橫條的木頭上面，用螺絲釘或是用棉繩綁住都好，記得底下貼到龍骨的部分不能夠固定，有點像是避震器的功能，也具有頂住結構的概念。

因為我們在上下海洋舟的時候，會暫時坐在這個背靠橫條上面，所以它呈現懸空狀態跟它有一個 T 字的支撐點，所承受的力量分散程度是不一樣的，建議還是做一個 T 字板較好。

船首壓板

至於船首壓板（Breast Hook），通常是完成甲板直條後才做，因為船固定之後就很難調整。船首壓板所找的木頭，記得木紋必須要縱向，因其功能除了抓住船舷和船刀以外，還有在撞擊的時候，是一個支撐的力量。

如果這個梯形的船首壓板木紋跟船舷是垂直的，是橫向的，而不是跟船舷平行、縱向的，那在撞擊的時候，船首壓板就容易斷裂，所以在木紋的要求上較嚴，方向不可以錯。

船首壓板／Breast Hook

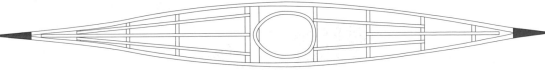

　　製作方法是先找到一個木板，厚度是 1.6 公分，跟船刀的木板是一樣的，先前已預留的 10 公分船舷上的位置、和 5 公分船刀的位置，所以它大約是 15 公分，但還是要以實際上的寬度來量測才好。

　　量測完後，把它平貼在凹槽上面，從船刀的兩點，到船舷外緣的兩點畫出梯形，鋸下來。鋸下來後，在船舷上左右兩側各上兩個螺絲，船刀上也兩根螺絲，這樣六根就可以完成船首壓板的固定。船尾也是一樣的做法。

座位與踏墊

　　在座位的部分，大概需要每隔 3 公分的厚度，從側舷到另一個側舷之間的小 C 型肋骨木片是為坐墊區，延伸大概四片就夠了；在腳踏的地方，下緣大概要做三片踏墊。

　　完成之後，再鋪上 10 公分寬、1.2 公分厚的南方松做垂直的木頭，在座位和腳踏的地方都需要做，因為我們上下船會踩在這上面，讓它不會因為單點受力而斷裂。固定的方法是，在木頭上打洞完，用繩子綁好即可。

　　這樣上下都處理完成，作業大概需一天，因為還要將整艘船修整好。到目前為止算是把整個骨架都完成了。

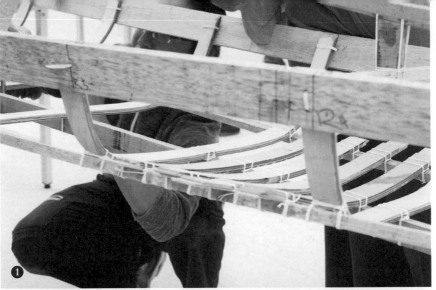

想要完美
造舟的孩子

在大沐老師的造舟營隊裡面，基本上沒有個人造舟，因為這不是我推廣造舟的目的，不是要教會某一個人造一艘舟，而是希望教會一群人來造一艘舟。

其實傳統伊努特人也不是一個人造一艘舟，他們分工完成一艘骨架蒙皮舟，分工的方式是會有兩個到三個男人去尋找漂流木、獸骨，然後把船的骨架做起

來，婦女則搜集海豹皮，然後縫製成可以包裹船的船衣，所以他們也都不是一個人完成造舟的。

　　我的造舟也是一樣，講到團隊，就會講到團隊中個體的差異性，有能力的差異，有標準的差異，有些人可能天生手作能力比較好，或他天生對於美的角度，對於標準的要求有不同，一個團隊有差異絕對是正常的，可是如何讓這個差異成

為團隊的助力，而不是阻力，這個在造舟裡面是一種很好的學習。

　　2016 年，我發現造舟營隊裡有一組團隊，其中有個女孩，她對於這艘船美不美的標準很高，甚至高過我，標準高是很好的，沒什麼不對。這麼說大家會覺得，原來大沐老師的造舟標準不高嗎？

　　其實不是這樣的，我希望學習的過程裡面先以「good enough」為標準，因為這樣才能讓團隊所有人都有學習的空間，當這個女孩對船的學習要求很高時，

「完美」將成為在造舟學習裡的一個障礙，因為老師說要「造一艘不完美的船」。

很多人一開始跟我學造舟的時候都會問：為什麼要做一艘不完美的船？做事情就應該做得好，但我還是強調，第一次的學習，要學得好，而不是學得完美。因為你把這艘船做得很完美，很多人就失去了施作的機會；在造舟營短暫的學習日程裡面，要把船做得很完美，就代表能力不好的人，沒有操作的機會。

至於手作能力不好的人，他可能常常要做那種沒有存在感的工作，比如說扶木頭，或撿撿東西，因為船要很完美，就只好留給那些比較有手作能力的人去做。這種情形在造舟裡很容易發生，有人的標準跟老師不一樣，而且通常都是比老師還要高。

但對我而言，則是要求越做不好的學生，越要多給他一點操作機會；做得好的學生，習慣有掌聲的人，就麻煩他開始學會成為一個好的領袖，去教導那些做不好的人。於是，原來那些做得好的人，就會減少操作機會，而做不好的人增加操作機會後，這艘船就會不夠完美。但如果這樣的學習配合得好，整個團隊的學習就會是完美的。

回到這個完美女孩的故事，每次施作到某個階段她就很痛苦，因為她發現老師所謂的好，都是她的不好，老師說這樣就可以，明明就沒鋸好，明明線還是斜的，為什麼就這樣過去了？

當然老師這麼要求是有兩個原因，第一我們有材料的限制，不應該浪費材

料；第二我們有時間、進度要求，所以也不允許你慢慢達到標準，這是學習的過程，不是大沐老師把標準降低，而是需要在這個學習的狀態下，能夠用這個方式前進。

我還記得，大概連續兩天且每隔幾個小時，她就要出去呼吸新鮮空氣，去自我調整，然後回來眼睛就紅了，並對我說：「沒有辦法忍受我的船是不完美的。」

「我的船」這三個字，指的是在分組中自己要完成的船，儘管大家都希望自己這一組的船能做得好、做得快，卻常常會忽略掉別組的船跟自己的關係。在造舟營隊裡希望強調的是，自己這一組的船要顧好，別人那一組的船也應該顧好，因為這是一個團隊。

團隊不是只有這一小組的團隊，包括各艘船在一起，也是一個團隊。從這個女孩的難過就會發現說，很多時候我們在定義團隊的標準時，會用自己的一個完美價值去衡量團隊的學習。經過幾次溝通之後，她慢慢可以接受，經過七天六夜的造舟，體會到在一個團隊裡面不要滿足自我的標準，而是滿足團體標準。

後來，我每一次造舟都會跟學生強調，所謂完美跟不完美的差異，第一艘學習的船不太可能完美，教學時學生會問我說：「老師為什麼你能鋸得這麼好？但我卻不行？」「為什麼你可以磨一下就好，我卻不行？」「到底是哪裡出問題？方法都一樣，為什麼老師可以做得好？」

因為老師在教你的過程裡面，已經經過數十次不斷操作，才有可能把它做好。第一次學習的人，不要把標準拉到跟老師一樣，這樣學習是很辛苦的，時間上也不允許你有這樣的自我要求，壓力太大。

所以學習的過程看重在每個細節的操作，能不能夠做得對，至於能不能夠做到精、做到好，那是反覆練習才可能得到的結果，但在造舟營隊裡面很難讓你有反覆練習的機會。

這不代表標準降低，而是希望學員在造完舟後學到的是對的方法、對的工序，能夠回去真正花時間反覆練習，真正造一艘完美的「我的船」，這才是我們所要教的一個目標。造一艘不完美的船，來成就一個完美的學習吧！

Day 5

座艙口
Cockpit

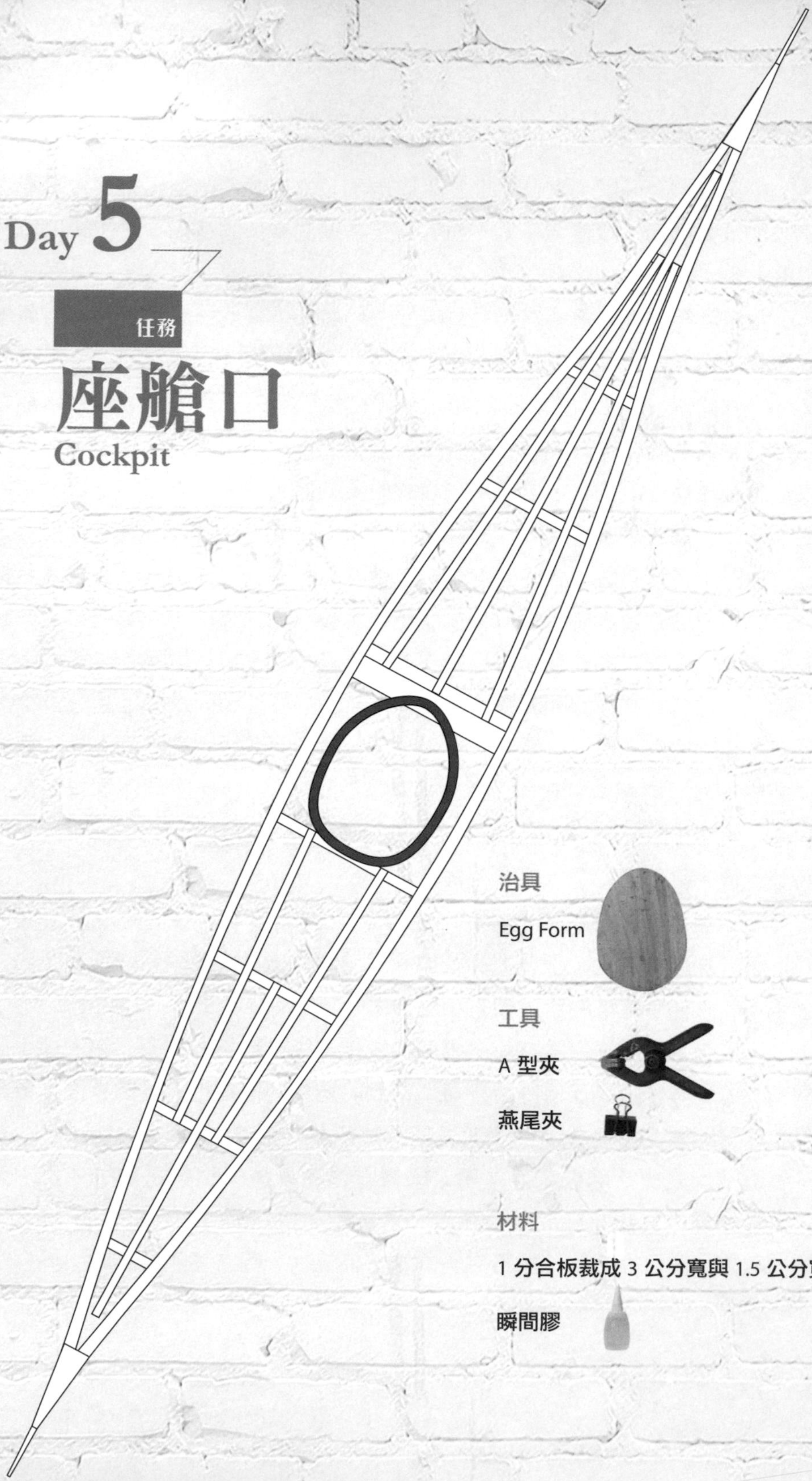

治具

Egg Form

工具

A 型夾

燕尾夾

材料

1 分合板裁成 3 公分寬與 1.5 公分寬

瞬間膠

在蒙皮以前，我們會在船裡放上吉祥物，對伊努特人或愛斯基摩人來説，他們把這艘獨木舟看作是有生命的船，等同於它的名字：蒙皮（Skin on frame），所以有骨架、有皮膚，就缺少一個靈魂。有點像舊約時代上帝創造人一樣，用泥巴捏塑了一個人，有肉有皮，但他缺一口氣，那口氣就代表他的靈魂。

靈魂的象徵

伊努特人在給船蒙皮以前，需要定義它的生命，給它一個靈魂，我們稱之為吉祥物。每個人製作自己船的靈魂都不一樣，在過去的製作經驗裡，最誇張的是有學生放一把菜刀當靈魂，也有人放雞腿的形狀，也有放檳榔的，其實這反映出船主人的生命意象。

利用現場的這些木料，製作屬於它的靈魂，有很精彩的製作，可以彩繪，也可以讓它動，完成之後必須要綁在骨架船頭處。

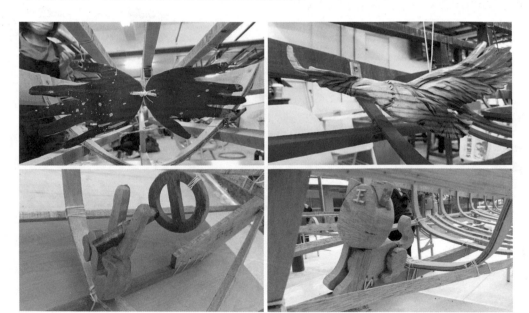

大家常常覺得放在外面很好看，但靈魂是為一種象徵，是看不到的東西，不能在外面，基本上應該放在船裡面，綁在第一根甲板橫條（Deck）上，或綁在它前後的甲板直條（Deck Stringer）上也可以。

治具：「雞蛋」

座艙口（Cockpit）有點像個雞蛋，所以在彎曲製作這個橢圓木條框之前，我們需要一個治具，先準備一個「木板雞蛋」以利作業。

治具的大小，是以背靠到膝靠橫條的垂直距離為長度，寬度則可想像當它放在船中央時、從船舷到雞蛋外緣要約略有一個拳頭的距離，以此成為座艙口參考距離大小，就可以先畫出一個平面雞蛋，用 6 分板鋸出來，作為專用治具。

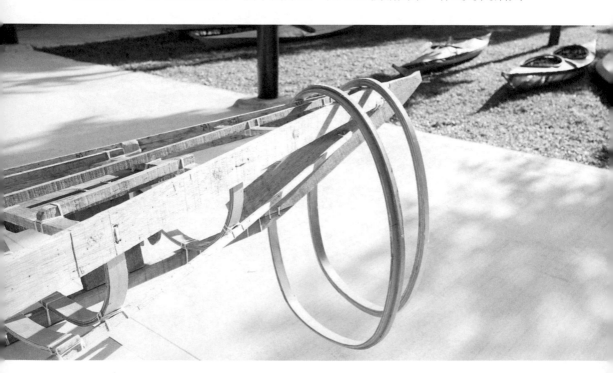

　　準備三片 3 公分寬、和三片 1.5 公分寬的長條木片，由內往外先依序膠合三片 3 公分的木片，然後再膠合三片 1.5 公分的木片，來完成這個座艙口的製作。為什麼需要有六層？因為最外緣的 1.5 公分是將來我們在穿防水裙時，需要去套住突出來的這層。

彎木片與六層膠合

　　長條木片泡過水後就可開始彎曲製作，因為會有彈性，所以建議從雞蛋的中間開始來做彎曲，最後收尾的時候，到雞蛋的另外一側長條狀側邊來把它裁斷。

比較嚴謹一點的話，應該讓木片有 30 公分的重疊；在這 30 公分的重疊處，用刨刀刨出 45 度的角度來做第一層的膠合，這樣就沒有所謂的斷點。

在教學上，基於時間的關係不會這樣做，但會有補強的做法：即第一圈有個交接處，把第二片黏在這個交接處上面，這樣就沒有問題，第二片包覆在側邊的部分又產生一個斷點，第三片再把它包覆起來，依序六片來完成它。

在雞蛋作業時必須要對齊，把它貼在地面上比較好製作，你可以看著地面作業，記得第二片貼在地上時、要在同一個水平面上。如果地上不夠平整，建議要找一個平整的地方來製作，不然等做完再想要修整就會比較困難。

完成後還需要磨它，把一些膠合不平整的地方用刨刀或砂輪機磨平。由於它的位置在上下船的時候容易被折斷，所以需要用一個棉布，在它的外緣，以瞬間膠黏起來，增加強度。萬一座艙口被壓、強度上受影響的時候，棉布在固化後可以把它漿住，尤其蒙完皮後會上環氧樹脂，這樣強度比較不會有問題。

膠合的方法基本上跟肋骨雷同，只是改由外往內壓，所以建議燕尾夾夾住的時候，如果它力量不夠讓木片緊密，可以用木頭去推。千萬不要直接用手去壓，不然等到木片黏好，你的手也拔不下來了。記得用一個木塊去頂住木片，最好是由兩個人一起做，比較好作業。

自備秘密武器
的老師傅

Day 5

　　每個人都有過去的生活背景，可能他有一些木作經驗，可能他有一些鐵工經驗，不同的工作經驗者都有，這樣的人來學造舟也很好，我不會排斥。比較怕的是成年人學習時會忘記歸零，在學習的過程總是喜歡把老師的教法當作「參考」，他或許工藝能力很好，甚至超越老師的木作能力，但畢竟沒做過「船」，在

學一艘船怎麼做的時候，可以把工藝能力表現出來很好，不過，在吸收的角度上，需要先放下自己。

想要參考老師的教學方式，基本上應該等學完這艘舟之後，再去整理思考如果自己做要怎麼做得更好？如此才能掌握到學習造舟的精神，否則一邊學習、一邊參考，最後這艘獨木舟就會造得很奇怪。

某次造舟有老師傅來學，還帶著他的「秘密武器」過來，包括他優良的刨刀、鑿刀和電動工具等，這些工具我還是強調它絕對有利於造舟，但為什麼沒有讓它在我的造舟營隊裡出現？這是因為在面對一百個人時，無法讓大家都使用這樣的工具，一來沒有辦法預備這麼多工具，二來某些工具是需要在操作熟悉的情況下才用得好，如果學員無法在短暫的時間內熟悉，反而會造成不好的效果。

可是老師傅把這些工具拿出來，有些學生不理解，會說大沐老師「蓋步」藏功夫不教，明明可以這樣教，卻讓大家用比較笨的方法，或認為老師傅比較厲害。沒錯，老師傅的木作可能比我厲害，可是我要教的不是木作，而是造舟。

還有一個問題是有些工具和技法的使用，無法讓我們在既定的時間內完成這艘船，當你要精雕細琢這艘船的每個細節時，便不能在幾天內完成了。這樣說來，好像我們將標準降低？其實不是，我希望大家先學會造舟。

先學會工序和方法，至於你的材料、用料要從原來的合板改成原木或竹子，或你曲線的畫法要用製圖的方法更精準，這些都沒問題，每個學員都可以回去重新造一艘自己心中完美的船。但只要還在學習的過程中，就沒辦法這麼做。

這些年造舟營隊裡偶爾會有些社會人士參加，有些人造好的船幾乎不能划，下水之後很不穩定，手藝很好的老師傅做的船看起來很漂亮，可是無法達到一艘船該有的行水、該有的循跡性，一艘船肋骨該有的穩定性。這類的情況發生過不只一次，我們可以做出一艘很像船的船，很美麗，但它可能比不上一艘看起來歪七扭八的船來得好划！

因為這不是在做一艘工藝品，我們是要做一艘能夠划的船，不要怕它太難看，只要能行水就好了。好幾次我看到有些船造得很美，一看就知道慘了，有的高度太高，產生的風阻大，有的船肋骨造型太過圓，造成穩定性不佳，划起來就很容易翻船，不是不能划，而是不好划。

就好像很多人常常問我：你做這個船是可以划的嗎？

我回答說，「如果我要做一艘不能划的船，我幹嘛做這麼大艘呢？」我既然要做 1:1 的船，就是要做一艘能划的船。

我從來不會藏私，但不想在我全心全意把我會的都告訴你時，你卻只吸收到一點點。可是，如果不歸零，怎麼學得到呢？其實這也是學習本來該有的一個態度。希望未來有機會學造舟的大人們、老師們，放下自己的經驗值，歸零學習。

Day 6

任務

蒙皮
Skin On Frame

材料

木壓條

胚布（10 盎司）6 碼

J413 釘子

樹脂

縫合線

PVC 布（1.2 公釐或 0.5 公釐厚）6 碼

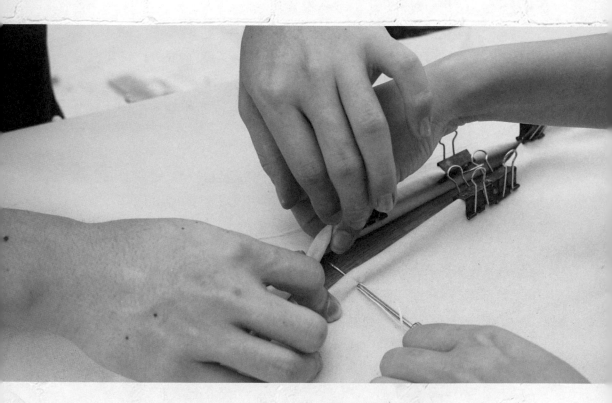

工具

釘槍 　　　燕尾夾

空壓機 　　　剪刀

A 型夾 　　　直孔針

蒙皮大概分兩個模式，塑膠布蒙皮法和胚布蒙皮法。

模式一 塑膠布蒙皮法

這個模式是為了讓船可以快速完成下水，我們會採取用 PVC 塑膠布，下面的厚度是 1.2 公釐，上面用 0.5 公釐，因為底下需要耐磨的強度，而船上面只需防潑水。

在這裡必須強調如此的蒙皮方式，是一個比較暫時性的做法，因應在教學上的需要，為了完成骨架後花半天的時間、4 小時左右，就可以用 PVC 布把船蒙好皮，馬上下水驗收。

至於塑膠布的蒙皮舟，下水後能維持的時間，其實只要有「修補」的動作存在，也不是說只能夠划一下下，想划個幾年也沒有問題的。

釘槍

PVC 塑膠布的蒙皮法，就是準備一張比船長多 20 公分的布（若船的長度是 5.4 公尺，則需要準備 5.6 公尺的布）。蒙的時候要先蒙下半段，所以從 1.2 公釐厚的布先做起。一般單人舟寬度是 60 公分，其實這個 PVC 布的寬度大概 90 公分就夠，要更精準的話可以用尺先量過再去買布。

在蒙皮的時候把船倒過來，這艘船從最中間、船舷的兩側整個拉過去；首先第一個動作是要把塑膠布平均放在船的背部，從中心點開始，因為肋骨是每 30 公分一根，所以就先在一側用釘槍，建議用 J413 的釘子。

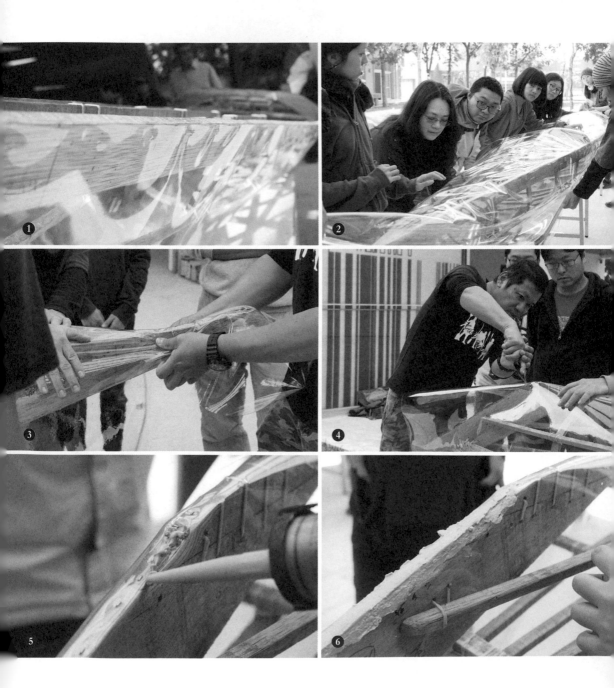

什麼叫 J413 ？J 代表它是ㄇ字型的規格，413 的 4 代表這個釘槍的寬度是 4 公釐，13 代表長度 13 公釐，以此規格來做為蒙皮的釘子。因為船舷木頭的厚度 1.6 公分，如果用到 416 釘子，可能會凸出來。

釘之前要考慮到釘子落的位置，因為在上下布蒙完最後還會上一個壓條，壓條的寬度約 2.5 至 3 公分之間（這取決於購買壓條時的選擇），如果壓條是 2.5 公分，那麼釘塑膠布的釘子就不能超過壓條的下緣。

這時建議做一個治具，用這個壓條的寬度，在中間畫一條線，做成它的治具，包括釘子與釘子的距離，例如每 3 公分一個釘子，就可以用 3 公分寬的一個壓條，中間做一個記號，做出釘塑膠布時的治具。

從船的一側把兩根肋骨間 30 公分所需釘子都釘好，接下來的動作很重要，另一側要把布給繃緊，繃緊之後才將對稱的正對面、把釘子給釘好，這樣就完成了中間的固定。

繼續往兩側發展，從中心點往兩側、大概三根肋骨間、平均分配把它釘好，這樣會拉得比較緊；一樣是釘完這一側，再釘對面那一側，依序從中心點往兩側順勢將三根肋骨間所需的釘子都釘好。如此一來，船的中間段落包覆算緊了。

收尾與防水處理

然後，開始把船頭的布給釘好，再處理船尾；或先處理船尾，再處理船頭，順序並沒有太大的關係。

釘到接近船頭的時候，因為 PVC 布本身沒有所謂的韌性，沒有辦法拉到很緊

Day**6**

繃，處理方式就是讓布能夠很自然地拉直，不產生皺摺。布拉直之後，再把它釘到船頭的最末梢，到了最末梢把船首的布割開，以左包右覆的方式把它釘起來，達成收尾的部分。

完成收尾之後，接下來就是要做防水的處理。通常會準備一個 1.5 公分的板材，就像做座艙口的材料一樣，從船刀的最下緣，量到彎曲船刀之後、龍骨和船刀釘釘子的地方，約略是 20 公分左右。一樣是先柔軟一下板材，讓它成為可以彎曲的壓條。

有了這個壓條，把剛剛左包右覆的塑膠布先用萬能膠做防水處理，擠到接縫的地方，之後再擠一道膠在船刀和龍骨尾部的地方，用釘槍從龍骨一路釘到船刀末梢，即轉折處。

接下來會溢膠，溢出的萬能膠就把用來它的邊側塗抹均勻，即可達到防水效果。萬能膠比較不好除膠，如果用手塗抹，可用丙酮把它除膠，船首船尾的方式都是一樣。

然後把多出來的布割掉，沿著船舷割即可。

PVC 蒙皮船頭
收尾示範

壓條

繼續包覆上半段，把船翻回來之後，把透明塑膠布從中間披上，比船的長度頭尾也是各多出 10 公分。上層的布比較薄，從中心點開始跟剛剛釘厚的布一樣，這時候可以看下面 1.2 公釐那塊布的釘子，因為是透明的，便可注意釘在兩個釘子的中間，不需要使用治具，當然想要用治具也可以。

從船的中間位置依序往兩側拉緊釘好，一直到船首壓板的時候，因為中間會有一個皺摺比較不容易拉直，可以把船首壓板轉折上去到船刀的地方、留差不多5 公分、割開，這樣塑膠布往末梢拉直，就比較容易了。

整個包覆完成之後，船就是被兩塊布、一個厚的一個薄的給包起來了，還必須做一件事：在船舷上緣把兩塊塑膠布用壓條再釘一次，也是用釘槍。

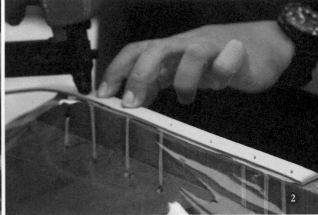

其實也可以在上薄的塑膠布之前，就用壓條壓著它，直接釘釘槍，但這樣作業上比較辛苦，不太容易掌握得好，當然如果你是熟悉這個作業的人，可以直接用壓條釘；建議是寧可多花一點時間，多花一點釘子，比較好作業。

上完壓條，一樣沿著壓條把多出來的塑膠布割掉，割下來的布建議都捲起來收好，將來當作修補材料。如果有破洞，或被太陽曬到龜裂，只要剪一塊大面積的布，用液狀瞬間膠滴下去，就完成修補動作，非常迅速，可以維持很久。

接下來，就可以上座艙口了。

包覆座艙口

把座艙口放在背靠橫條（Back Beam）和膝靠橫條（MASIK）上面，放好之後上下必須做個記號，確定左右有平均，這個座艙口沒有歪掉。

以俯視來看，從座艙口內側抓出大約 6 到 8 公分的距離，再畫出一個小雞蛋橢圓形，雖然塑膠布只需往上翻 3 公分，因為座艙口寬度只有 3 公分，但如果一下子弄太短，可能不好作業，所以建議留 6 公分或 8 公分，只是留得越多，會越不容易把布由下往上拉。

座艙口包覆
示範

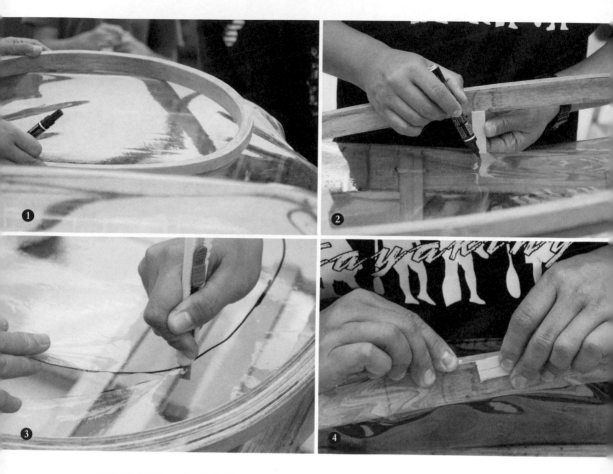

　　所以先割好 6 公分之後，如果發現不是很好拉，可以再往內割一點。劃開之後，建議先用四個 A 型夾把上下左右夾起來，確定這個座艙口不會掉。

　　一樣準備一個 1.5 公分的治具，因為艙口的構造是裡面有三片 3 公分，外面有三片 1.5 公分，呈現「倒 L」的形狀是將來我們在穿防水裙的時候要扣住它。

　　可想而知，現在釘這個由內往外翻的塑膠布於座艙口上，如果釘子落在凸起來的下緣，一來難以除釘，未來沒注意到、在穿防水裙時就容易刺傷手，所以必須確定釘這圈塑膠布時，務必精準放在 1.5 公分位置，不要省略這個小治具。

四個 A 型夾拉好之後，可以把左側或右側的 A 型夾先拿掉，由雞蛋的側邊來開始釘，這樣比較好作業，依序前進，釘到下面的時候就可以把 A 型夾拿掉，完成一圈。

　　塑膠布若只有釘子會被扯開，有壓條就不會了，所以釘完一圈後再準備一個 3 公分的合板，即先前肋骨所用的木片，可做壓條，把它包覆在裡面，由內側再釘一次。因為是壓條功能，如果作業當中板子斷掉沒關係，這樣內側就完成了座艙口的作業，再把多出來的塑膠布割掉。

　　作業時如果壓得不夠緊，可能會滑釘或凸起來，能拔除是最好，如果不能拔除它、可能需要敲進去，因為這個座艙口本身是懸浮在半空中，如果想直接拿鐵鎚把釘子敲進去，是沒辦法受力的。這時候要準備一個木頭擋在外側，然後才用鐵鎚把釘子敲進去，記得懸空敲是沒有用的。

　　最後，座艙口上緣用砂紙磨一下，確定不會傷害到手。最好再做一個加強的動作，因為艙口兩側容易在上下船時斷掉，建議剪一條 1.5 公分的棉布用瞬間膠黏貼一圈，此加強動作對於座艙口斷裂的保護很有效果。

　　這樣就算完成第一種模式的塑膠布蒙皮。

Day **6**

模式二 **胚布蒙皮法**

　　第二種模式就是傳統格陵蘭舟蒙皮法，當然傳統格陵蘭是用海豹皮，拼成一艘船夠用的布量，再把它縫製起來，縫製的方式並沒有一定的標準，只要能夠把船給包覆起來，由內往外將座艙口給縫起來就好。

　　我們現在的做法會比較像做一件船的衣服，在國外可以買到收縮的尼龍布，台灣市場比較沒有這個需求，只能買到冷收縮的棉布。

　　所謂冷收縮是縫完之後需要用水把它淋過一次，它遇濕就會收縮，這樣才能把布繃得更緊。在台灣我們用胚布，建議用 10 盎司的布；有人說越厚越耐磨，但相對來說，越厚船就會越重。如果蒙完布、上完環氧樹脂後，還要上一層玻璃纖維布的話，那其實用 8 盎司就夠了，可以減輕重量。

Day6

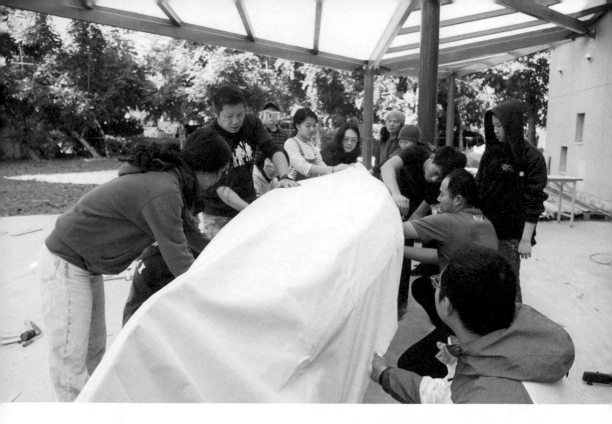

　　首先，一樣把船倒過來放，布的長度就是以船的長度前後各超過 10 公分，寬度以能夠包覆起來船最厚的部分（從中心點往膝靠橫條的部分）為原則，通常會用 150 公分的布，120 公分有點太剛好，一不小心就不夠用。

固定、拉緊

　　把布披在整艘船上之後，記得一定要做一件事情，把布對折，免得左右長度不同，真的固定完發現布不夠就麻煩了。產生中間線之後，接下來就是要準備圖釘，要用手去拉拔的那種塑膠圖釘，而不是扁圖釘。這個長圖釘建議每隔 5 至 6 公分釘一根，把左右兩側拉緊後，圖釘再固定起來，將整艘船慢慢拉緊。

　　釘完之後把船翻過來，在綁繩子之前要先剪布，當船底用圖釘固定了，就把布拉到上面然後對折，對折好在兩側都畫出 3 公分，畫完把布給剪開，這樣就可以捲進去。

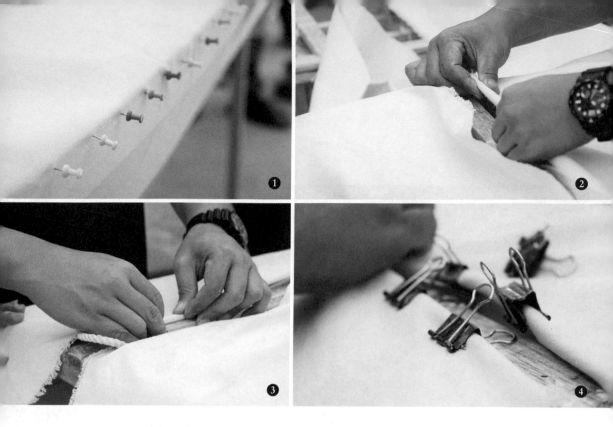

從中間的膝靠橫條處開始，要準備一條大概 5 公釐直徑的棉繩，或童軍繩也可以，對折在整個船的中間用燕尾夾先夾住，把兩塊布由童軍繩的兩股中間往內捲進去，捲好之後再用燕尾夾把它夾好。

當布從左右兩側捲進這個繩子裡面時，我們在捲的過程就可以把布給拉緊，作業上準備三個燕尾夾就夠了。

蠟線與直孔針

接下來用直孔針，直孔針一般是皮革使用的縫皮針，在針的末梢有打一個洞，用 1.5 公釐的蠟線來做縫製的繩子。假設現在要縫前半段的船，蠟線的長度是從膝靠橫條處到船首，以其長度乘以二就是線的總長度，萬一不夠或斷掉可以接。

先用直孔針將蠟線穿過棉布跟棉繩的下緣，這叫「送繩」，把繩子送過去。第一次先把繩子送過去後，就可以把針拿起來，在兩個棉繩的兩側先把這個蠟線

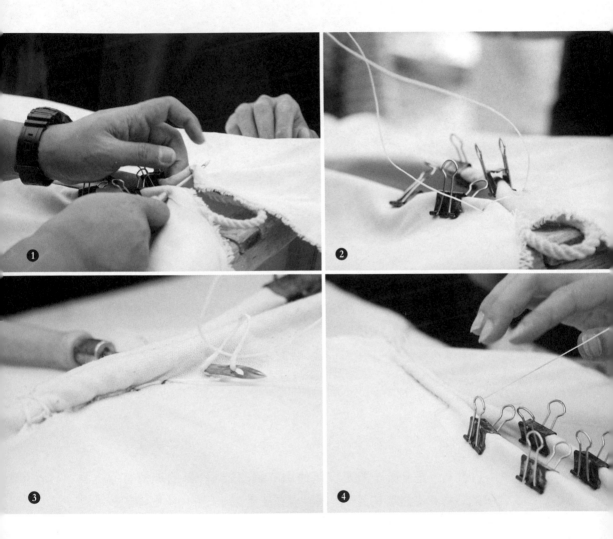

打兩個單結，第一個單結一樣要先用直孔針把繩子送過去，兩個單結打完之後，開始做縫製的動作。

假設人是站在船的左側，左側的繩子放在直孔針內側，針的兩端會有線，一頭是連著短線的部分，針的另外一頭是接著長線的部分，把針每隔 1 公分送繩到對側。

送繩過去之後，稍微回針一下，這時候會產生兩個孔，另外一側的繩子要穿到短線這一邊的孔、拉回來的時候才能綁緊。

如果覺得無法確認要穿的這兩個孔到底是長邊還是短邊的話，可將這一側的長繩先拉一下，如果被拉動會跑掉，那就是穿另外一個繩洞。這樣送繩、拉繩、送繩、拉繩，就能依序縫起來。

在每一針要縫的時候，記得都要確認布有沒有捲緊，不只用燕尾夾夾緊而已，要繃得夠緊。如果沒繃緊，縫到最後整個船的衣服會變得鬆垮垮，想再收縮也沒辦法讓胚布繃緊。這就是縫製的方式。

直孔針縫法
示範

首尾最難

最困難的步驟是船首的繩子拉起來時，所以當縫到接近船首壓板，這部分的布會過多，要往上拉、往前拉，才能夠把船頭給繃緊，由下往上拉緊後要頂到船刀，再把它夾起來，確定底下拉緊。

好不好拉、會不會產生皺摺，這跟船刀當時所做的角度很有關係。通常超過30 度的角度，就很難拉到沒有皺摺，除非布的彈性很大，否則就不太容易。拉上來夾住後，就依序把棉繩跟布抓緊，然後縫好、收尾，這樣就算完成。

收尾就是指兩股棉繩從船首壓板折到船刀多出來寬度的地方就可以了，如果這個部分沒有辦法把皺摺拉開，可採取另一方式，跟塑膠布蒙皮一樣，讓上面對齊，從底下把布剪開，然後再縫起來也是可以。因為最後會用環氧樹脂做好防水，甚至再要用玻璃纖維強化，有個折線其實沒有問題。

Day6

艙口引洞縫製

後半段的做法從背靠橫條（Back Beam）的位置開始，往船尾縫起來，兩邊都縫好之後會發現從背靠橫條到膝靠橫條（MASIK）中間有一條沒縫的布，這時候就將座艙口放在上面，確定上下左右位置是對稱的，以俯視的方式從座艙口的內側留 6 公分畫一個雞蛋，把它剪開。

剪開之後的布，由內往外翻，用四個 A 型夾夾起來，可開始縫製。座艙口需要先每隔 1.5 公分、用一個直徑 5 公釐的鑽尾、在 L 形凸點內側引好洞，即鑽好一圈的洞，如果有些木頭因引洞破裂，記得把它磨一下。

洞都鑽好之後，就回到剛剛的動作，用縫船衣的方式、將直孔針送繩與拉繩，一整圈縫好後，如果時間允許，建議用棉布包覆起來。假設事前的時間更充裕，縫之前可以環氧樹脂把座艙口都塗好，強化它之後，再來縫製。

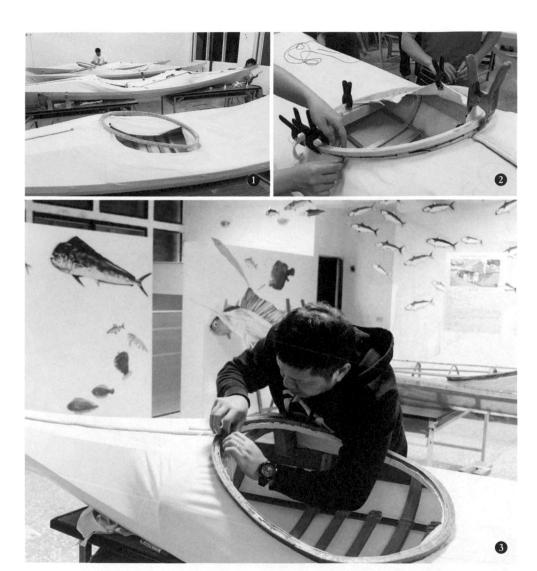

船首船尾
蒙皮示範

座艙口
蒙皮示範

防水層

　　以胚布蒙皮的獨木舟，最後就是要為整艘船做環氧樹脂的上膠。

　　上膠之前，先用水把整艘船淋濕，淋濕完大概要陰乾一天，整個布乾燥之後，它就會收縮。如果覺得收縮的狀況不理想，可以再噴一次水，再讓它陰乾。

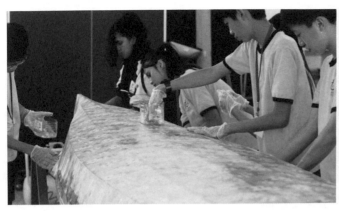

為什麼要一天？因為要確定它沒有水分、再上環氧樹脂，之後樹脂的硬化才不會受到影響。當布已經陰乾，也收縮好了，就可以開始上環氧樹脂。

上樹脂、彩繪、染色

上樹脂的方法，一樣是從船的下面開始，第一層環氧樹脂會比較厚，因為它必須要吸收在布的纖維裡面，建議不要用毛刷，直接用刮刀。

選擇 1：2 或 1：3 的環氧樹脂混合好，倒在布的上面，用刮刀把它刮過去，這樣先做好第一層。如果要彩繪，一定要先彩繪完，再做樹脂的防水，彩繪的部分則可使用壓克力顏料。

另外，如果要染色，即整艘船不要胚布的顏色，想要船是全黑色或全紅色等，可以買色母，在環氧樹脂調和比例的時候，將色母加入，成為有顏色的樹脂，也是一個做法。

把第一層的樹脂上完後，通常 1：2 的樹脂要等 6 小時，它的表面才會硬化，可繼續上第二層；如果是 1：3 的樹脂，要 12 小時。不過，真正的硬化都是 24 小時，6 小時或 12 小時是指可得表面的硬化，能繼續上第二層。

全船底下三層、上面三層，才算完成它基本的防水層。

磨平

　　等待樹脂硬化的期間，上過第一層後，因為布吸收了環氧樹脂，表面會更粗糙，我們必須用砂紙把上面和下面上的環氧樹脂先磨過一次。無須擔心把樹脂給磨薄了，只要樹脂已經滲透到布裡面，就是可以磨的。當然此時它的防水性還沒有那麼強，畢竟只有薄薄的一層，磨到表面光滑，再上第二層、第三層，表面才會平整美觀。

　　如果時間允許，又不用擔心它的重量，可以使用 8 盎司的棉布，上了第一層磨平之後，可以直接上玻璃纖維布。

上玻璃纖維

　　建議用 200 目的玻璃纖維，直接上上去，再上環氧樹脂。做法也是一樣，但要記得玻纖布在使用時要戴手套，最好連袖套都要穿，因為布的玻璃纖維在掉落時容易刮傷手，會很不舒服，務必做好保護的動作。

　　注意，上玻璃纖維時不能用刮板，可改為專用的滾輪，或者戴 PVC 的塑膠手套，用手直接做塗抹的動作，免得刮刀把玻纖布給刮破了。以上，是使用玻璃纖維的概念，總之兩層都做好、也磨好之後，算是完成獨木舟的防水層。

工序步驟到了這一步，船其實可以下水了。不過，為了因應在不同場域下水的需求，可能要再補強。一般在碼頭上下船的話，自然沒有船首船尾撞擊的困擾，或像骨架蒙皮舟在格陵蘭多為沙洲，則無需擔憂，台灣西部沙岸即是；但如果遇到岩岸或礫灘，就會有是否耐撞的問題。

所以上完防水層之後，可用膠條或鋸一個 L 形、符合船刀形狀厚度的木頭，再把它鎖、黏在船刀上面，作為一個護桿，讓船在進出時能承受部分撞擊。

骨架要做防水嗎？

關於木頭骨架的防水問題，很多朋友在做完骨架後，都會想要用木工底漆、甚至環氧樹脂先做好防水，因為擔心木頭放在水裡面久了可能會爛掉。

基本上，我認為木頭並非一種不耐水性的材質，它是可以泡水的，除非你把一個木頭泡在水裡面很久，可能會爛掉；但別忘了世界上也有一些木頭是完全不怕的，比如說扁柏類、檜木類，根本就不怕泡水。

其實大家會覺得木頭骨架需要防水，是跟船做好之後到底如何使用有關。我們的格陵蘭舟在一般沒有劃的時候，並非停泊於碼頭，所以它不會生藤壺，也不會泡在水裡面；通常沒有劃船的時候，它們是被吊起來或放在船架上，這個過程是在陰乾的狀態。

木頭的防水性不需要太在乎，除非你是放在戶外風吹日曬雨淋，那就建議在縫皮之前先做好木頭的保護；如果船是吊在室內，或在室外有遮雨的設施，那我覺得木頭骨架在蒙皮以前做好防水，倒不是必要的。

說真的，如果一年之中有五十天在劃船，那至少還有三百天在曬乾，實在不是一個很大的問題啊！

整班被
趕出教室的學生

　　有一次，我看網路影片講到一個故事，記者訪問一個難民小孩說，如果你回到家裡，你想拿什麼東西？那個 15、16 歲的孩子回答：「我最想拿的是我的高中課本！」記者問他為什麼？他說：「學習是我未來唯一可以活下去的機會。」他非常在乎去學校學習，因為這樣他才能生存。

Day 6

反觀台灣，誰會覺得學習是他唯一生存的機會呢？現在的教育很多孩子是被動、甚至被迫上課，在受教育的過程沒有機會去珍惜「學習」這件事，偏偏義務教育沒得選擇，給他們的是一種刻板的、標準化的學習氛圍和環境，不懂得珍惜，又怎麼能學得好？我覺得這太可惜，也很可悲。

某次跟教育單位合作造舟課，第一次去做模型時每個學生都眼神呆滯，坦白說他們茫然、我也受挫；接著準備做大舟了，第一週我還忍耐了一下，第二週發現他們態度一樣，玩的玩、聊天的聊天，真正在認真做的很少，所以那天早上在2小時課程後，大約十一點半時我把大家集合，包括他們的老師也在場，我說：

「我發現你們沒有任何想要造舟的動機，我的感受很明顯，你們在學習的過程裡面沒有熱情，隨時在那邊聊天，有些人在那邊放空、發呆，只有不到五分之一的人真的在做，我沒有要為這件事情發脾氣，因為你們是在一種不知道為什麼要做的情況下來學習這件事情。

可是，我現在告訴你們為什麼要學這個東西，是因為我們需要透過造舟學到一個真正的態度，如果你的學習態度不佳，我身為一個教育者沒有告訴你的話，那就是我的失敗。我知道體制內很多老師很無奈，他們不能像我這麼任性，怎麼『任性』？就是現在我告訴你：『我不教了！』

你們不想上，我也不想教，這就是我的任性，我不需要去忍受你們不想學的

態度，所以前面上的課我鐘點費通通不要了，材料費我也不會跟學校算，你們做到一半的東西我通通收走，我可以這麼做，因為我是自由教師。當然我也為體制內的老師叫屈，他們沒有辦法像我說不教就不教，要忍受你們這種散漫的學習態度，你們已經八年級了，應該要知道你們的態度需要重新被建立。

所以，現在十一點二十分，10分鐘後全部回去午休吃飯，然後一點以前討論好要不要繼續造舟，能不能改變態度？一點之後，你沒來也沒關係，我就知道你們不想學了，我就撤。」

我沒有大聲責備，只是很直接很冷靜地說：「老師等一下也會去吃飯休息，一點回來我就撤。」他們等於被我趕出這個造舟教室。

一點的時候，只來了四個孩子。其實我也沒什麼得失心，因為我也覺得很挫折，雖然校長很努力找到資源來讓他們學，但我覺得就算了，不需要去妥協這種狀況，不想讓孩子養成這種錯誤的學習態度，如果這個時候我沒有表現出我的立場，這些孩子永遠就是用這種態度在面對學習：不用付代價，隨便學，不學也無所謂……既然只來四個人，那我就撤。

我開始打包工具準備撤，那四個同學就解釋說，其他同學因為主任在訓話，所以他們先跑過來跟我講情況，所以到底要不要造舟？他們說討論過了，只有一兩個人說不想。

「好，我順著你們的意願，再給你們一次學習的機會，我等你們回來，看你們下午的表現，來決定下次我們要不要造舟。」

下午，整個學習態度大轉變，三十多個孩子，只有少數幾個孩子持續力較弱，八、九成的孩子態度都改變了。

造舟這些年以來，我第一次把全班學生趕出去，說出不想學就算了這樣的話，因為我真的很不願下一代用那種被寵壞或被放任而浪費學習資源的態度！這件事也讓我看見自己的堅持，回到我造舟的理念，從來不是要讓他們當一個造舟師傅，而是讓他從造舟裡面學會怎麼找到自我，找到自我之後學會怎麼跟團隊合作，特別是面對每一個學習機會時，希望他們的態度是重視的。

Day **7**

驗收日
Completion Day

每個造舟營隊在最後都會有個驗收日，不管在哪裡造、造哪種船，結束之後都有一個成果驗收，每個人都要在靜水域試划自己做的船。因此，各梯次遇到的狀況都不太一樣，從第一次造舟的「少年航海王」營隊開始就很精彩，也是我很愛講的故事。

　　2013 年，少年航海王的驗收是從社子島到淡水河口，9.8 公里。因為當時是預設女兒要划 12 公里，所以就用 10 公里左右為目標。造舟營隊期間遇到颱風，驗收的前三天剛好颱風過境，遇到河水暴漲、河流比較湍急，而且天氣不太好，預報可能會有雷陣雨，但驗收日當天早上氣象還好，希望活動能在三點以前完成。

　　驗收時我們分三組，各小組去協調要怎麼輪流划，有人划平台舟，有人划海洋舟。第一段比較簡單，划社子島到下八仙，來回大概 4 公里；第二階段就划長程，從社子島到淡水河口，大概 9.8 公里。

翻船復位後反而消除緊張

　　整個驗收的過程裡面，前 3 公里從社子島划到關渡橋下，大人小孩都緊張，沒人有經驗，還好我有參加暑期的救生員訓練，因為不知道翻船後孩子到底有沒有辦法應變，所以請東區水協的救難艇來做戒護，安全上沒有疑慮。雖然大家在泳池有訓練過，但並沒有用手工舟訓練，因為手工舟畢竟有其結構性，拿來做訓練比較不適合，臨場當然就緊張起來。

　　六艘船分兩組，我當一個教練，加上一個帶我入門的好朋友教練尚志揚（Young），他帶三艘船，我帶三艘船，加上有 IRB 救生艇戒護，划到關渡橋每個人眼神臉色都很緊繃，因為大家都怕翻船，孩子怕，大人也怕。

　　前面幾公里一開始划起來是很累的，不到 3 公里就有人暈船了，邊划邊吐，可是他沒有放棄。到了關渡橋，流很湍急，大家又累，雖然只有前 3 公里，因為一開始體力還沒有配合上，就有一個孩子翻船了。

按照訓練，我們吹哨子全部集合，來協助他復位，用 T 字救援，順利復位。復位後，發現大家的臉終於不再緊繃，能夠開心地笑了。

不是笑他，而是因為發現翻船也沒有什麼關係，覺得團隊的感覺回來了，因為你可以協助他復位，然後我們再一起前進。

中間發生的這個翻船事件，讓孩子們本來很緊張的氣氛，後來變得感受很好，因為知道船翻了就翻了，我們有能力集結、幫助孩子，包括所有孩子也很快速集合。我們在前五天的訓練裡面，孩子們操槳的能力已經慢慢養成，所以狀況都還好，這是第一段插曲。

撤退也是一種學習

划著划著，差不多到紅樹林了，剩下 1 公里多的距離，眼看快要完成的時候，看到關渡橋在後面遠方的 8 公里處，打雷了。一定要上岸！另外一組比我們快，已經划到紅樹林跟淡水河間有個小碼頭，直接去那邊避避；我帶的這組比較慢，我女兒也在這組，我們決定：上 IRB 救生艇！

一開始他們都不願意，不想要放棄，因為就快要到了，卻來不及到那個小漁港去避風頭，後面的雷雨一直追我們，太危險了，我只能跟另外一個 IRB 上的教練一起做決定，讓孩子上岸。

孩子是被逼著上岸的，包括我女兒都說：「我不想、我要完成！」

當他們坐 IRB 救生艇回去的時候，我把三艘船綁在我的船尾，一個人拉著三艘船準備划到小港避一下雨，再划回去，讓 IRB 救生艇先送三個小孩子回終點站，事後看影片裡他們被問說：「你們怎麼坐船回來？大沐老師咧？」

孩子們其實非常的難過，因為他們想完成，可是一開始不理解情況的人，以為是他們放棄了。為這事我女兒很難過也遺憾了很多年，她覺得沒完成，不是她沒有能力完成，而是被迫放棄。她不解為什麼要讓她上救生艇，然而這是當下必須做的，撤退也是一個學習。

事實上，正如我一直告訴她的：她已經完成了，完成了所謂的撤退學習。

順服大自然

很多人覺得說撤退好像就是失敗，其實不然，撤退是一個很重要的學習功課，你不能夠去跟大自然對抗，太多戶外活動發生意外就在於大家覺得撤退很丟臉，覺得撤退是一個不能說出來的秘密。

怎麼會呢？當大自然告訴我們「我們無能為力」的時候，就必須要順服大自然，不允許跟他挑戰，這也是我給孩子的一個觀念。

經此插曲，第一組人躲避過這個雷雨之後，他們就划回去了，完成後面的「一點多公里」。第二組我帶的學員就少了那個「一點多公里」，覺得遺憾。我一直鼓勵他們說，其實你已經完成了，都划到紅樹林了，已經算達標，實在是天氣的狀況。

在這個「少年航海王」營隊裡面，從造舟到驗收，都充滿著挑戰。坦白講，我決定要帶孩子完成這段驗收的時候，被很多舟友前輩質疑，甚至有點責備，覺得我怎麼可以冒這種險？

他們不僅認為這段旅途很危險，因為這段水域是有一點越野挑戰型的，但我個人覺得，我們已經做好準備了，除了每天的訓練、有戒護，還有天氣的評估。此外，他們也質疑划船過程的安全性，例如其中有一艘船漏了一點水，我認為進點水還好，因為我自己 2012 年划台南運河 12.5 公里時，不到 10 分鐘就進水 6 公分，全程在水裡面，還是划完了。

但是，別人當然不覺得船進了水還可以划，這艘船就被質疑說不能下水，這次的驗收如果說有什麼真正可惜和遺憾的地方，應該是那艘沒有下水的船吧！

造舟
不只是做船

造舟是一個很完整的高峰學習經驗，
目的不是只讓孩子來「造一艘船」或「划船」，
而是希望他學會怎麼找資料、
怎麼去學習、研究和執行一件事情，
屬於參與整個「過程」的收穫。

還記得一開始說的那群自學孩子們嗎？他們是在驗收划船的技術之後，才開始造船。

驗收時，我讓他們自己划一艘船。因為兩三個人划一艘船的話，可能有人划、有人不划，一人划一艘船，就可以矯正姿勢。獨自能把船划好後，再開始造舟，但這過程已經把船的結構、人跟船的關係全都上過課了。

前面幾堂課中，我讓他們帶一個小玩偶過來，先幫玩偶做一艘船，以老師教畫

暖身

的設計圖,幫玩偶設計一艘船!然後他們就帶著自己的小樂高來,先畫好設計圖,對孩子來講,這些東西在他的生活裡太好玩了。

到這裡,他們都還沒開始做模型,但每一次上課過程他們都很專注,對造舟這件事情的目標也很明確。

創客教學

台灣正流行創客教學,每當我講「創客教育」的時候,大家眼睛都亮了,教育部也已經投入很多資源給各地成立新創中心,有的校長、老師拿到一個雷雕機或 3D 印表機就很滿意;我心裡想的是,如果只讓孩子拿一個完全沒有創意的檔案,下載別人畫好的 3D 設計,印一個東西出來,就覺得符合現代潮流,就稱為「創客」,這不是很可惜嗎?

說說我是怎麼帶關渡國小的「玩具社」好了,大人說「雷雕機」很危險,我會問他哪裡危險?我教小孩的是設計圖怎麼印、軟體怎麼畫,可以透過所認識的幾何圖形來產生,差別在於現在除了用手工的能力去鋸以外,你又多了一個東西叫雷雕機。

如果你覺得手鋸麻煩,那就去用雷雕機做;但如果覺得雷雕機要排隊很討厭,就自己鋸!所以,在這個過程裡面,他們學會手工的工法,也學會用新的工具,他們是自己畫東西去印,而不是下載圖案來印。

真的希望以後找我造舟的人,不要只想到亮點,不要只看到造出船來的成就感,**當你要孩子來造舟時,有沒有讓孩子自己做選擇?**如果覺得孩子沒有能力判斷「造舟」這件事好或不好,那你有沒有想到應該要先設法讓他產生興趣呢?

引發他覺得造舟是一件值得學習的東西,做好這項前置工作,他才有機會進到我們希望他選擇的學習領域。

跳脫刻板的學習要求

我常說，我帶女兒的教育方式叫做「誘導兼引導」，「引導」就是我帶領她走，學我認為她可以學習的東西；「誘導」就是我覺得很值得學的東西，但她可能沒有興趣，我就想辦法鋪陳，循循善誘，讓她開始對這個東西產生好奇，有充足的學習動機。我不會直接拿一個東西就說：「這很好喔，你來做！」孩子怎麼會覺得好呢？

如果你看了這本書，也希望孩子學習造一艘舟，拜託先不要叫他造舟，必須先為他暖身，才不會感到厭煩，或先由我去幫孩子暖身一下，這樣我提供的東西對他來講才有價值。

跳脫刻板的學習要求，孩子的學習過程就會是快樂的。

面對質疑

老師也好、家長也好，任何人接觸到新的東西，如果沒有放下過去的經驗值，放空學習，歸零學習，就容易產生衝突。不一定是跟我的衝突，可能他跟自己的衝突。這就是在造舟比較容易發生的問題。

針對不同的團體、不同的人數，我會去決定工具使用的差異性，比如我不讓學員用刨刀、鑿刀，須以最簡單的方式去做，是因為營隊的人數和工具而決定，也許不是最好的方法，但如果不這樣做可能大家做不完，無法照進度完成目標。

我的責任是在有限的時間內讓大家把船完成，所以會微調一些工具的使用，甚至工法的製作。這時候，我就會被質疑了，覺得我藏私，或覺得我不專業，有些家長來看時說：「這個可以多一點東西啊！那樣不是更堅固嗎？」

　　這種評論不見得是負面的，有些是正面的建議，我必須去解釋營隊的時間內實在無法滿足，你的建議很好，可以回去之後用在自己的舟上。我在教學上這樣做的話，舟會做不完。

　　也常遇到人家質疑：「你這樣船都不正，可以嗎？」我説可以，他心裡可能覺得我不專業，因為我要的結果不一樣，不是不能要求精準正確，而是要求嚴格時會讓那些較為手拙、不敏鋭的人沒得做，如果每艘船都不能歪，每根肋骨都要彎得很漂亮，從這個標準出發，那我要怎麼讓少數人做呢？

不完美的成長空間

　　人們會覺得「要做就要做到最好」，怎麼可以教他們「做不好」？這是敷衍，這是苟且。但我們的關鍵不是敷衍或苟且，而是有些人就是做不到啊！有八、九十分能力的人自然會達到，但能力只有六十分的人，因為人們把標準訂在八十分而被淘汰，根本沒有成長的機會。

　　我們的教育常常把標準訂在八十分，所以讓那個學習的空間變得很狹小，成長空間也狹小；如果把標準就定在七十或六十分，他們就有成長空間了。

　　不會直接被淘汰，這是我想要做的。我希望那些人不要因為高標準，在還沒有機會學習和突破時就被淘汰，所以為什麼強調「要一個不完美的舟」，因為一艘不完美的舟才能給他逐步成長的可能。

　　我不是學特殊教育的，這是我個人的觀察，社會大眾對有點殘缺的、天生殘疾的人難免會排擠，會用異樣眼光看他們，這跟對待我們的獨木舟是一樣的道理，**它不完美並不代表它不能划啊！**

　　這艘船所乘載的跟我們的生命一樣，並不需要完美才能生存，一個人天生有很多缺陷，很多不足，很多別人有的你都沒有，並不代表你沒有生存的能力、行走的能力、或前進的能力。獨木舟也是，再怎麼歪七扭八，它畢竟還是一步一步從各種工序所構成。雖然不完美，但絕對可用，「不完美」正是「手作」獨木舟的價值所在。

小小孩的
大目標

自學的孩子來造舟已經一個月過去了，仍然還沒做船。前三週只是暖身，後兩週開始教划船，我帶他們玩「划船機」，畫划船機，用繪圖去研究划船機是怎麼動的？研究之後，才去矯正他划船的姿勢。

已經划三次船了，而且都是「隨便划」，只講前進後退，沒有教怎麼划。讓孩子自己去發現，「隨便划」好像划不太動？問他們為什麼划不動？好像是姿勢不對，這時他們開始來問要怎麼矯正姿勢？

孩子們都非常認真看示範，我提醒技巧在哪、請家長錄下我的標準動作，最後將作業設定為「回家用掃把練習」，由家長錄影下來看。

　　這種作業孩子做得很好，錄下我的標準動作、對家長也不算負擔，讓孩子練習完，家長再錄下影片。

　　把影片丟到網路社團後，我們就在線上討論作業，我會看孩子有沒有把標準動作做好。所以，自學的孩子還是有家庭作業，技能在此慢慢養成。有興趣所以很主動，態度也沒有問題，這樣的啟發方式完全符合十二年國教所推的「素養教育」。

自主學習

後來的作業更精彩，我們從河流的潮汐，算到海洋的流，和海洋的潮汐跟河流的差異性；在環島時，知道台中以北以南的潮汐是不一樣的，而東部有黑潮由南向北流，所以又不一樣；另外，還會遇到地形流，這些內容在地理課要死背，如果划過獨木舟就不用背，孩子會很認真去理解，因為他遇到了。

作業是可變因素和不可變因素，距離是不變的；從彰化划到嘉義這一段，要划 4 小時，請他們告訴我應該幾點出發？讓他們提出方案一、方案二、方案三，我再就各自所提的時間，分析每個方案的可行性給他們聽。

對沒有划船的人來說，這一切都太抽象，只能靠想像。

但對划過船的孩子來說，這裡面有他想學會的知識，也有他想要掌握的技術，唯一抽象的是態度，但態度取決於興趣，**若能引發其學習興趣的話，態度自然就好。**

可是我們卻沒有把重點放在探索教育，為什麼台灣很多學生到了大學、研究所還不知道自己要念什麼？因為他們沒有能力、沒有辦法去判斷，他們沒有靠自己去探索過。

這幾年自學的孩子為什麼越來越多，他們不用被刻板的、體制的學科給框限，只要提出一個學習目標就好，教育單位也同意，因為知道這十二年的目的是要讓孩子養成學習的能力而已。

在台灣發展造舟教育

台灣有很多學校可以進行造舟教育，成為獨木舟特色學校。荷蘭有個羊角村，整個村莊像威尼斯一樣在河道邊，家家戶戶都有船可以下水，台灣有多少地方像羊角村一樣是可以下水？台灣四面環海，其實滿多地方可以發展的，就算東北季風來不能划船也可做技能養成，或更精進地造舟，發展舟船美學。

澎湖離島或東北角這條海岸線上的學校，都是可施行的場所，像鼻頭角這一帶的海岸線比東部都還安全，又沒有西部的潮差，只要氣候合適，下水都很安全，可以導入獨木舟教育。

台灣有太多沿海的學校可以做，我曾提過一個研究計畫是以一兩所國中小為研究對象，加上自學的孩子，從團體實行的獨木舟學校課程裡找出一個模式，有機會導入體制內教育。雖然很遺憾計畫沒有通過教育研究所的甄選，無法以正式的學術論文去翻轉教育，但做還是要做。

你知道自學孩子們把造舟的最終目標設定為何嗎？

答案是，他們要獨木舟環島。

十天或七天就好，他們可以縮小規模，東部三天，一天划 10 公里或 5、6 公里就好，一樣可以體會到東海岸的樣子；東北角兩天，鼻頭角、南雅奇岩、瑞芳陰陽海、象鼻岩、忘憂谷等，不用划那麼長，縮短一半，西岸反正桃園以北都不能划，就划南部的蚵田，感覺沙洲的潮差，看很多風車，可以東石划一天，南部墾丁也划一天，這樣就好了。

十天就可以環島了，看到東西南北不一樣的海岸，都可以做記錄，我們就朝這個目標去努力。

完成之後，對孩子來講，就是一個很完整的高峰學習經驗。因為過程當中會帶出很多研究、學習基礎，所以他在學習事情的能力上會有很大進步。你會發現，**我們的目的不是只讓他來「做一艘船」、「划船」，而是希望他學會怎麼找資料、怎麼去學習和研究一件事情，怎麼去執行。**

不是享受造舟完成那一刻的成就感而已，而是這前前後後、所有細微末節、各種成功與失敗，屬於參與整個「過程」的收穫。

Appendix

附錄

環島篇：2018 孩子的書屋環本島記
海洋篇：消失的海岸線
航程規劃書

環島篇：
2018
孩子的書屋
環本島記

　　2012 年剛完成台南環河賽的時候，台東「孩子的書屋」的陳爸到台北來找我，問能否協助他們獨木舟這一部分的戶外教育。當時他們當然沒有想到要「造舟」，只想到划船這一區塊，我提出造舟的想法，陳爸覺得很好，所以在完成「少年航海王」計畫之後，我就跟他說：「那你要不要找幾個孩子跟老師一起來學？」

　　所以 2013 年「少年航海王」，有台東「孩子的書屋」兩個老師（林逸群及何建達）和兩個學生來參加，書屋的第一屆造舟

便從這裡開始；之後，林逸群老師也有跟上台南運河環河賽。後來，這兩個老師陸陸續續來山上，我把整個 know how 教他們，讓他們回台東慢慢把造舟的環境建立起來。當時書屋還沒有那麼多捐注，買船對他們來講是不太可能的，造舟相對可行。雖然後來還是買舟較多，但我可以體會他們帶那麼多孩子出去，用手工舟的困難度和風險性，確實比用塑膠舟來得大，造舟成為他們高峰學習經驗之一，環島則是用塑膠舟。

在 2018 年帶著蒙皮舟參與環本島之前，仍然年年被質疑蒙皮舟的強度是只能在平靜水域而不能面對較困難的海洋，於是這些年我帶著蒙皮舟親自挑戰各水域，直到 2017 年在澎湖划到了北邊的目斗嶼，終於自己也體驗了在海上 6、7 小

時的划行，與這蒙皮舟的各種適應性。坦白說，當我們父女決定要用蒙皮舟來完成一個月的獨木舟環島時，我心裡一樣有著各種不可能的假設，包括我自己和 14 歲女兒在體力和心理的挑戰是否可以負荷。

　　這兩艘蒙皮舟是在出發前一晚才完成的，由女兒帶著一群人完成；除了女兒，每一個參與造舟的都是第一次，我只有相信他們，畢竟這舟是我教他們做的。結果一出發划了三天，不單是女兒身體不適，連我在面對 1、2 公尺高的湧浪及 5 小時後體力耗盡、還要頂流划 5 公里時，自己都划到厭世了。

但看著女兒沒有被擊敗，除了心疼她，也更肯定這段航程對我們父女的價值。我們上岸後，不是選擇放棄，而是去修整補強，讓兩艘舟盡可能的舒適，可以在海上渡過 5、6 小時。這舟在強度上已經通過了考驗，剩下的就是船艙座位與身體在疲累時的伸展、需要調整而已了。

一艘蒙皮舟，花了近八年，終於不再擔心了，當然，未來還是會有許多被質疑的，但八年的質疑沒有停止過，我們都經歷了，還怕什麼質疑呢？

我常告訴女兒，爸爸沒有比別人厲害，也沒有什麼運氣可靠，就是不斷努力去面對各種挑戰，不斷修正再出發而已。這趟旅行非常珍貴，我盡量記下了每天的收穫。

第一週：適應與修補

2018 年 7 月 16 日，台東海賊灣天氣晴，但海面不平靜，手工蒙皮舟第一次下水，成功。原定從富山漁港到金樽漁港 21 公里，受到熱帶性低氣壓外圍環流的影響，平均風速 18 節，最大風速 22 節，浪高到 2 公尺，吹東北風，所以沒能如期依航程規劃出發。這也是划船「環本島」的重要學習，我們一行人只能在海賊灣內練習進出浪與翻船覆位，隨後趕車前往下個行程點。

不過，環本島的第二天，從金樽漁港到小港漁港 30 公里計畫，我們父女暫時脫隊，到花蓮參加「2018台灣青少年領袖高峰會TYLS」，為了另一個重要任務：演講分享「海洋心海島情」。

　　我對選擇聆聽這個主題的孩子們說，「我們生在海島，卻對海洋陌生，這是台灣多數人的狀況。」包括我自己也是，40 歲那年才驚覺自己生在島嶼，卻與海洋斷了線，是一件可惜又可悲的狀態，於是開始透過自力造舟、教導造舟划舟，來重新連結屬於島嶼的生命。

　　環本島第三天，短暫脫隊的我們從青少年領袖高峰會離開，再度南下與書屋的孩子們會合，船隊路線是小港到長濱 22 公里，但出發後則是往返 5 公里撤退，因為風浪還是稍大，幾個孩子陸續暈船，教練決定不勉強。

　　這天，我拍下八年級女兒把握空檔寫講義的畫面，記錄她的用功時刻。同時，不能出海的日子我也沒閒著，製作捕魚的傢伙，正感覺悠閒自在，才發現我慣用的手作格陵蘭槳遺失了，應該是遺失在東河到長濱之間的台 11 線上，因為與其他槳一起放在獨木舟尾車平台上，不知何時震掉了，只好緊急發了尋找愛槳啟示，可惜到最後仍然沒有尋回，與大家的墨鏡、手機等並列為旅行損失之一。

　　環島並非只有船，也有陸地小旅行。第四天，全隊從長濱來到金剛大道，面山背海兩側田地的筆直大道，雖然雲層遮住了「金剛」，但台 11 線裡面藏著這美麗大道，絕對值得造訪，大人小孩忍不住拍照拍不停，一字排開的跳躍照也拍得

很成功。令人開心的是，還遇到一位「不老騎士」，他熱情的經過，並大方歡迎我們來到他的家鄉，更帥的是他所騎的「歐兜麥」竟然有自製的煙灰缸！不老騎士戒不了菸，但也不隨地亂丟菸蒂，孩子們對他說讚，紛紛與他合照。

不過這天的風浪一樣超出我們設定出海的上限，只好決定陸上行舟到長虹橋逆流而上秀姑巒溪，由於習慣的槳遺失，借用了花蓮好友的槳，但怎麼就是不對勁，這趟逆流而上，真是有累到我這個「阿北」。中餐過後，小孩的體力瞬間充滿，在石梯坪玩跳海還能繼續玩將近 3 小時，我也忍不住直呼太過隱。

此次旅程，書屋的孩子有十個女孩和四個男孩划雙人舟，我和女兒各划一艘蒙皮舟，加上二位教練。環本島第五天，預計從石梯坪到磯崎 22 公里，實際行程則是到 12 公里撤退。海況一直不好，我們增加許多時間在當地走踏，也是處處有驚喜。我跟孩子們提醒，這趟旅程不是要你們拼命划完全程來成為「英雄」，而是在一次又一次的辛苦中，不斷向自己挑戰。

這麼多年堅持自力造舟，選擇了「骨架蒙皮舟」總是不斷地被質疑這舟的「耐用」程度，但我還是堅持此舟，一來容易讓更多人在短期內便學會造舟，二來我認為耐用絕不是問題，只要在適當的區域行舟，即使旅程中需要修修補補也很好。

舟就好像一個人，人也不耐摔、不耐撞，受點傷整理一下便可。

行經東海岸石門附近，遇到了海面上的定置魚網，一堆海上的浮球上面都是籐壺，對我的蒙皮舟而言，彷彿遇到了水雷，但前方雙人塑膠舟一一穿越，為了不影響大家的進度，我和女兒就沒有繞過，也直接穿越。

看著女兒並提醒她小心兩側浮球籐壺，確定她安全穿越。注意力不在自己身上的結果，就是我被一波湧浪推撞了浮球，登陸時檢查撞擊處發現微微滴水，立刻展開「維修示範」，晚上更繼續完成座椅的改良，讓接下來的航程更舒適。

其實我們都不是很厲害，包括我，有些人體力不夠，有些人很快暈船，也有人身體很不舒服，除了天氣海況一直不太好，讓我們第一週前六天都沒達標。但我們每天都在進步，在出海中練習基本技能，翻船復位與拖船救援，上岸後的搬船、綁船、移動、與裝備船支清洗整理，沒有看到孩子們會埋怨這些日常的事。

我在想，會不會有人說：「明天就要划了，大概清清就好。」但事實在我眼前，並沒有人偷懶，林逸群教練把小孩帶得真好。獨木舟環島不是要成為別人眼中的英雄，是要逐步挑戰自己的可能，包括後勤補給也好棒，讓所有人三餐與休息都不用擔心，也是一樣重要的事。

接著，「休航日」到了，但只是休航，不是休息睡覺，而是安排陸上行程。這天是木瓜溪「抱石」，一早還是先把隔天的航程天氣與浪況分析討論完成，才前往攀岩教室學習如何抱石，然後深入花蓮木瓜溪，迎來超乎想像的美好一天。孩子們花了好多力氣嘗試「抱石」運動，又盡情玩水，看他們開心大笑我便覺得滿足，只是我在想，大家明天的雙臂還有力嗎？雖然划船不是只用到雙臂。

　　真的，像女兒説的，在學校暑輔還比較輕鬆。第七天從花蓮崇德到漢本 24.5 公里，天氣與海況相較於前天好多了，除了進出浪的挑戰仍大，清晨六點在崇德整裝，海巡人員一句「這裡不能下」，要我們移到左側 200 公尺處，大隊人馬就得扛著船移動，十分折騰人。整裝搬船到七點終於可以下水。其中一艘舟因為學員體態比較壯，有 100多公斤，出浪區翻了三次仍然不放棄，在第四次成功破浪而過。

　　當天航程經過清水斷崖後遇到一段亂浪，快到大濁水溪出海口時

又遇到一段逆流，已經划了 4 小時、19.5 公里了，女兒和我划單人蒙皮舟，對平常只划 5 至 10 公里左右航程的我們來説，實在是很硬的航程。就在體力與肌力已到極限的時候，突然三點鐘方向來了一群跳躍的海豚陪伴，讓人忘了疲勞感。

目送海豚離開後才繼續最後的 5 公里，經過和平電廠遇到時速 2 公里的逆流，雖然獨木舟均速可以到時速 6 公里，面對最後的 5 公里還是都筋疲力竭，對抗強大的逆流，簡直要命！我們的體力大約只剩下時速 3 公里，再被抵消 2 公里，真是很想放棄上岸，但當下並沒有「放棄」這個選項，只能前進，每一槳都顯得格外沉重，終於全員平安上岸。

第七天才第一次達標，漫漫的 24.5 公里終完成，這天關渡國小的大花校長也划他的蒙皮舟來隨行，見證這場所謂的「漢本戰役」。

第二週：困難重重

划到累攤的「漢本之役」後，第八天南澳到東澳 15 公里，經烏石鼻岬角要轉進東澳時，又遇強大湧浪和流，女兒因為昨日的疲勞尚未恢復而苦撐著，我看了很心疼，畢竟她只是個 14 歲的小女孩啊，我決定用拖船繩獨自拉了她 50 分鐘。

眼看就用過烏石鼻的岬角，但我實在很累了，呼喚夥伴支援，協助拉一段。兩小孩自己雖然也累，但因為他們划的是雙人舟，仍毫不猶豫來換手。原本要過烏岩角與當地的老師會和，後來改在東澳灣內相會，真是感動他們海上的迎接。

環本島第九天，終於看到女兒划船的笑容了。由於這些年在划蒙皮舟很少有機會單次划 10 公里以上，特別是在海上要頂速度 2 至 3 公里的流，距離又有 3 至 4 公里長，完全不能停槳。除了考驗耐力之外，還有座艙的舒適度影響更是大，這部分是我在造舟時比較少考量的，使得此次划長距離時腰部、大腿與腳指有極大的不適感，划得很痛苦。

於是，這天父女倆改划塑膠雙人海洋舟，那座艙的舒適度，完完全全讓我們享受在今日的航程中。前一天才和書屋的孩子們分享，他們划的舟舒適度與我們

所划舟之間的差異，也提醒他們：在我們生命中並非隨時會有人為我們預備一艘好又舒適的舟可以划，未來要面對的，往往是自己要用一根一根的木頭去建造屬於自己的舟；在划的過程中，發現與感受這舟的問題與不舒適，也是要一點一滴、慢慢去修改自己的生命之舟。

第十天又是沒有划船的休息日，在宜蘭南澳早上十點到下午一點安排了「衝浪課」，除了被海水打趴，剩下的是準備放懶的身體，看孩子們這樣開心玩著，也跟著不需要理由地快樂起來！

其實我這一生多數的日子，都太振作了，沒有真的放空休息過，這回跟著孩子的書屋一個月的環本島，我是真的讓自己完全放下，享受每個時刻的恣意，旅程走了三分之一，我想這是一種「心的旅程」。

回到北部我們自己家了，第十二天從鼻頭角公園到望海巷，12公里的退潮逆流前進，中途有幾處較大的波濤湧浪，原本擔心在東海岸遇到許多困難的女兒會有壓力，想安排她和其他的孩子划雙人舟，但這孩子決定再次挑戰自己，划出自己親手做的舟航行。她完全沒有落隊，14歲的她勇敢面對自己的挫折，這天順利開心地自己划手工單人舟。

但沒想到很戲劇性地，第十三天的基隆嶼往返未能完成。

環島前，書屋已行文到各縣市的海巡單位，台灣這樣丁點大的島嶼，海巡署並沒有整合各地的海巡資訊，無法從上而下管理，必須一一去面對各地海巡冷暖，我真的是很難忍受，一行人都划到基隆嶼

了，海巡的船以幾乎要衝撞船隊的速度直向我們，要我們回去，隨即揚言一艘船罰金可達 3 萬元，這麼多艘船，我們負擔的起高額罰金嗎？不能靠近基隆嶼，真是可惜了基隆嶼環島的美景，還好我們轉向忘憂谷遊玩，再回到望海巷，無敵美景仍然令孩子們十分忘憂。

環本島整整兩週，來到第十四天了，桃園觀音海水浴場出發，目標是漂流木公園，但，還是一樣無法完成。

只能說謝謝海巡讓全隊划出去半小時後，才叫我們折返。原來，我們申請港出被駁回，想說從沙灘進出應該可以，沒想到海巡來說明桃園縣市內的海邊只能「踏浪」，我們只好撤退後，改進行淨灘。

所有人都忍不住感嘆，我們盡力為這世代的青少年而努力，到底這國家要的是什麼呢？有點苦中作樂地淨灘完後，我們拍攝了「觀音海水浴場踏浪篇」影

片，大人小孩玩起來，一起示範桃園縣海巡説的踏浪標準，真的是很諷刺，我們訓練青少年不畏烈日與浪濤，划出自己的生命航程，政府卻只要我們踏浪，這島嶼國家究竟是發生什麼。

第三週：雨後的彩虹

連續二天被海巡要求折返，其實我們在前面的航程中，出發前也被海巡延誤了好幾次，我常跟學生説：划船和其他活動不一樣的是，絕對要在對的時間下水，因為要配合潮汐與水流還有風等自然因素，才會有一段好的航程規劃，但我們的準時與規劃，卻不被海巡在乎，甚至還被網友嗆：獨木舟環島這樣危險，把人家的孩子帶出去，要平安的帶回來。

　　我想説的是，我們從沒有「別人家的孩子」的感覺，每個孩子都當自己家的孩子，更何況，我的女兒也是這些孩子的一員，而且是年紀最小的一個。另外，環本島也被嗆划一段跳一段，根本是為了「搏版面」，不配説是獨木舟環島，他的言論原不必理會，但或許有相同想法的不只這一位，有必要讓大家知道我們的目的何在。

　　帶著這群年輕人出發，並不是要他們成為英雄，每天若可以順利划出去，並且划完 10 至 20 公里，已經是極限了。在海上划船不比走路與單車，累了可以休息或者有下坡可以高速下衝，海上划船休息 5 分鐘，通常流或風會把我們帶回 20 分鐘前的地方。

　　船隊頂流頂風頂著烈日，疲憊的划完了 4、5 小時，上岸要花 1 小時抬著 40 幾公斤的船，走 200 多公尺的路到拖車上（有時走得更遠），接著洗船洗裝備、晾曬、整理，每段航程都如此重複。這些孩子不會只抬自己的船，只洗自己的裝備，一定是一起完成，一起休息。

　　這樣的環本島雖然在三十天當中，只能將 1,300 公里的海岸線划 600 公里，甚至更少，但海上行舟或者是陸上行舟，都是孩子們與後勤人員辛苦的累積。台灣這島嶼需要的是更多美善之事。

第十六天，抵達香山牧靈中心住宿點，一群單車環島的年輕人，正頂著陽光在整理自己的單車，而我們也拉著船剛到。兩組人馬有許多共同的地方，不畏烈日，不畏強風，挑戰自己的疲累、堅持力。還有，我們都很黑，黑得很開心。而這天晚上，資深獨木舟三位前輩招待孩子們晚餐，其實大家知道，愛我們的人太多了，桃園新竹不給划，隔天從竹南開始划。

　　龍鳳漁港出發到外埔漁港雖然只有 10 公里，但 13 節西南風、陣風 18 節，讓我們足足划了 4 小時。記得在東部遇到 1.5 公尺的湧浪與長浪，還有 12 節風，現在氣象報告東台灣沒風了，我們卻來到吹著西南風的西岸，只能說老天太看得起我們。隔天白沙屯下，預計划 5 公里就上岸，因為強風真是不能太大意的。

　　上岸時，海巡弟兄依舊來關切我們，不同的是，多了不穿橘色制服的「長官」，連海巡署長官都來，而且面帶笑容，交待現場的海巡弟兄幫忙一起抬船，我們受寵若驚。下午，海巡署副署長親自主持會議，來了解我們的需要並表明海巡的工作立場，結果雖然滿滿善意，遺憾的是台灣四周圍的水域管制讓人很難親海。

獨木舟不屬於船舶，所
以不受船舶管制，但獨木舟
是休閒運動設備，所以歸觀
光局在使用水域的規範，而觀
光局的海洋運動規範又各地方
自有主張，比如桃竹海邊只能踏
浪。那天，我多了一個志向，待
環本島結束後，要弄清楚到底獨木
舟在台灣那裡可行、那裡不可行。
　　雖然海巡露出笑容，但天公不賞
臉，清晨在白沙屯有 13 節強風，陽光
依舊，但出發前傳來雷響接著下雨，
連彩虹也來湊熱鬧，一個有風、有雨、
有雷、有陽光、有彩虹，但不能划船的
日子，第十八天後來成了「美髮日」。
　　由於潮汐的關係，第十九天從台西漁
港划到台子村漁港，要在凌晨五點半早餐後
出發，卻下了強陣雨，心裡想著這天的航程
要泡湯了，但 5 分鐘後看見藍天驅走烏雲，按
照氣象的分析，早上十點過後才會有雷雨，一
行人趕緊加快工作準備前往台西漁港。
　　　這時候發現另外一個問題：男孩們呢？大概
是覺得雨聲太大，認為不可能下水，所以通通都
還在睡覺。
　　　女孩們都已經著裝完畢了，領隊做了個決定，
留下一個後勤車等他們睡醒，其他人按照計畫下水，
回來之後再來「處理」這些男生。

西岸不同於東岸，沒有蔚藍與清涼的大海，沒有壯碩的高山斷崖，西岸的海是土黃色帶有溫度，因為沙灘很長水位較低的緣故，西岸有上百支高聳的風車，透過西南風帶來發電的資源。我們航行 5 公里後下了場雨，水珠在海面上彈跳真是美麗，隨即海面上一道完整的拱型彩虹給了我們雨後的祝福。

　　進入了西岸特有的蚵田，蚵農們在綿長的沙洲上，建築了一個獨特的蚵世界，漲潮時淹沒，讓蚵仔在大海的滋養中成長，退潮時蚵世界浮出水面，蚵農也在此時進入採蚵，飽足一家人的生活。這天海巡弟兄出發前與出發後的密切關心，儼然成為船隊的獨特伙伴。

　　第二十天航程仍是進入蚵的世界，從台子村漁港到塭港這段，九點半乾潮，我們清楚偌大沙洲與蚵世界在乾潮時的難行，所以一大早七點抵台子村漁港，海巡點完名後出發，在慢慢浮出水面的蚵世界划船，真的是一個挑戰，畢竟這 1、20 公里長的蚵世界，是我們陌生的。除了槳扒不到水很難前進之外，還頂流，終於靠近塭港，十點四十分時，水位依舊只有 10 公分，只好拖著舟步行尋找蚵世界的航道。

　　塭港上岸後，我們與東石高中及鄉親來場午后分享，和東石高中 2018 年初造舟的師生相約在塭港上岸後相聚，先是霸氣的冰品招待，榕樹下的午后交流，老青少一起閒聊，很自在的時刻，晚餐是東石高中請社區田媽媽所預備的在地晚餐，肚子飽足，心靈也滿足，環本島真的不只是 kayaking，更是與地方連結、彼此交誼。

　　第二十一天的住宿點是台南勞工育樂中心，沒有地方可洗船與裝備，連繫了蘆竹溝安檢所，所長友善借水借廁所，大人小孩心都暖了。

　　說真的，我一直以來都是敬重穿制服的，我相信軍、警、消大多是有滿滿的熱情與使命感的，無奈各地方政府對海域的規範，致使執法的海巡成為我們划船的阻力，好在苗栗以南的西岸對於水域活動是友善的。上週基隆嶼的事件，後來確定是烏龍一場，環本島團隊轉而成為海巡長官們的關心焦點，我們的亮橘色 T 恤剛好跟海巡制服同色，「橘」在一起的感覺十分微妙。

第四週：我們的看見台灣

還記得東北角美麗的陰陽海嗎？二仁溪出海口的「陰陽海」也不負盛名，太可怕的汙染了。台南黃金海岸喜樹段到彌陀漁港 24.5 公里，難得的西北風吹著我們往南航行，西岸海巡出入關心，到彌陀漁港時還出 IRB 動力救生艇領航，提供好的洗船與洗裝備空間，一句句你辛苦我辛苦，但大家都開心。第二十三天抵達屏東東港，也是西岸最後三天。

從鎮海公園出發，以枋寮漁港為目的地 20 公里，是第二十四天的航程。下水前，海巡長官與海巡弟兄來送行，到岸時又相迎接，已為此次環本島的常態，我們也不再有如在東岸與桃竹看到海巡的壓力，離開二仁溪的可怕汙染，屏東的海洋開始讓人舒爽。

　　追著海風，今天感覺是這趟環島行程中，划得最舒服的一天。住宿地「海之方圓」讓我們驚艷，小鎮竟然有如此舒適的住宿環境，原來民宿帥老闆是返鄉建築設計的；晚餐的枋寮火車站旁的藝術氛圍，也點亮了在我眼中這陌生的小鎮。

　　環本島與孩子們不只划船，我總是説：我們一起划出了「心航程」。從枋寮漁港到枋山休憩區，進入屏東的海域，開始有台東的味道了，沿岸有山海伴隨著，進出浪區的刺激，後勤與海巡一同協助上岸，西岸最後一站懇丁將至。

　　環本島的第二十五天，回顧著舊照片，我寫下給女兒一些話語：

　　「關於我們生命中的美好與選擇。剛過完第 14 年的父親節，14 年前在嬰兒房看到妳的第一眼，爸爸便告訴自己，我的生命因為妳而改變所有的計畫。牽著妳的小手看海，帶著妳用獨木舟體驗不同的生命，畫面中是妳的母親用關心與愛記錄著我們一起的探索。我們在 2018 年暑假選擇了參與孩子的書屋環本島

kayaking，因為我們都認為這個選項是最好的，錯過了或許沒有下一次。」

其實也是，每次的人事都不一樣，孩子要面對做出選擇後隨即而來的升學課業，但我們沒有壓力，因為我們沒有一定要讀什麼樣學校才好的顧慮，只要好好的成長，懂得體驗生命與探索自己，未來是不用擔心的。至少，我們可以自己選擇，讓孩子好好「Fun 暑假」。

年近半百的我，看見海島國家的海洋處處是禁令，看見台灣所謂的觀光「發展」條例，實際上是觀光「限制」條例，可以衝浪的地方卻禁止衝浪，反而說是香蕉船的遊憩專區，拉引香蕉船的水上摩托車的排氣油污與噪音對生態的傷害，顯然不是政府所關心。

桃竹西岸的潮差所形成的美麗長沙灘，如果能好好教育海洋的潮差特點，西岸的美麗夕陽必然是觀光開發的好景致，卻讓人只能「踏浪」；到了屏東期待划經海生館，又以國家公園為由禁划。這海洋國家的政府，始終是將人民關在自己的象牙塔。

第二十六天計畫的墾丁沒划，除了因為只能划到射寮海生館前距離 10 公里覺得稍短之外，主要是進浪區的浪高超過 2 公尺，灣區又小，基於安全取消，將這天行程改為爬山，訪七孔瀑布。

　　這趟「環本島」，除了划舟、抱石、攀岩、衝浪、爬山找瀑布，還有幾場分享會。我們看了「怒海控塑」，「認識知本濕地」，墾丁之夜還特別邀請小琉球的「海龜癡漢一島人」來分享綠蠵龜，教大家樂海、敬海、愛海。任何的戶外運動，都必須存謙卑的態度來面對大自然，如此便不會有無知的冒險而將自己與他人陷入危險中。

　　兩天的墾丁看來是「看海的日子」了，不用在乎是否成為別人眼中的「狗熊」，挑戰自己，成為自己生命中的「英雄」。第二十七天排定為休划日，就玩浪吧！如果不知道這些小孩所受的訓練，懂浪看浪，一定會碎碎念太危險了，其實光是跳浪就超好玩，只要好好教育，安全便沒有問題，我們應該讓自己和孩子在大自然充滿歡笑的。

　　旅程進入尾聲，大家開始有點捨不得彼此，也捨不得海。倒數第三天，上午自旭海出發，雖然已經確定平均 18 節風，陣風 28 節，但下水點牡丹灣看起來被山擋住了西南風，因此我們還是嘗試出發。

　　過牡丹灣時，海面上可見遠處有一大段深藍色的水紋朝船隊過來，感覺不妙，是一陣強風朝我們吹來，大家頂著強烈側風而行，再過一個小灣，水紋如滾水翻動，然後陣陣強風將海水吹起了一片水幕。哇！我們低頭壓低槳前進，有艘船翻了，救援之後，決定返航，短短的航程，卻讓經驗值又提高許多。

　　過去二十七天的環島，經歷了許多高難度的進出浪，這天的下水點對我們來說是輕鬆許多的，因此大家在海岸線一字排開準備出發，但似乎大自然總是找機會教育我們。多數人沒有專注在眼前這看似簡單的浪區，突來一個捲浪掃過每一艘船，接著十艘船有六艘翻覆，只有四艘準備好的破浪出海。混亂之中，一艘雙人舟被另一艘舟刺破了肚子，待我們船隊返回時，我為它進行「外科手術急救」修補，好在手術成功，順利試航沒有問題。

　　倒數第二天是大武到金崙航程，湧浪 2 至 3 公尺，奮戰了將近 6 小時，可以說很爽很過癮，但體能也已經是極限了。東海岸的美讓人心動，東海岸的浪也是處處驚艷，可謂百感交集，但那天卻是無力書寫心情，一心只想好好休息，以後再慢慢回味。

　　最後一天我們沒有出海，天未亮領隊與教練們就去觀浪，比昨天的浪還大，而且航線中沒有撤退點。儘管孩子們都非常希望最後一天可以在自己的家鄉完成，但我們環本島 kayaking 的精神不單只是划，而是要「懂得進也懂得退」，退也是一個重要的學習。完成了三十天的環本島 kayaking，這天我們頒獎感恩，謝謝所有人的關心與支持。

　　隔了一天，舉辦分享會，包括獨木舟環本島與單車環半島。結束後，真的要和相處三十天的孩子們說再見了，我這個「阿北」有點受不了，怕掉淚，抱完每個小孩快回到車上。在心裡說著，再見了，謝謝你們的陪伴。

　　三十天和一群大小孩子們一起生活，旅行規定只能帶三件短 T 恤、兩件短褲與內褲，一套划船用的束衣褲，這樣簡單的行李，一個小包就夠了，每天洗衣曬衣，划船體驗不一樣的真實海島台灣，這趟旅程太美好。

　　路上加海上行舟，1,300 公里的環本島 kayaking，離家一個月。

2018 年 7 月 1 日，開始由許多人接力完成這兩艘環島的蒙皮舟。

2018 年 7 月 16 日，我們抵達台東與書屋的夥伴們會合展開三十天環本島 kayaking，即使途中有強風與大浪，船翻了我們爬起來，船破了我們立刻修補，在海上有夥伴鼓勵，在陸上有後勤支持，我們沒有少一艘船，也沒有少一個人，都平平安安的經歷了這美好的三十天，人曬黑了，心卻更透明了！

我的女兒 14 歲，我 48 歲，是團隊中最小與最老的，我們可以，你也一定可以！擁抱大海就好比回到母親的懷抱，從「海」的字型上就可以看到，水是人的母親，滋養大地的母親，海島國家的台灣，親海近海，感恩的心不減。

海洋篇：
消失的海岸線

　　每次演講的第一張簡報，我會用獨木舟在花蓮崇德海岸划船的照片，背景是壯觀的清水斷崖，照片寫上：「Ilha Formosa」這句話。

　　通常我們會把「Formosa」跟台灣劃上等號，其實太高舉我們自己了，福爾摩沙不等於台灣，它的意思是「美麗的島嶼」，Ilha 則是「讚嘆」。

　　「哇～多美麗的島嶼啊！」

　　16 世紀大航海時期、葡萄牙人與西班牙人自海上看見台灣所發出的讚嘆，哇！一座美麗的島嶼。

　　但是現在，台灣人有沒有從「海的角度」來看見這座島嶼呢？

　　好像很少，我們都對海洋很陌生，很害怕。有人現在被丟進海裡面完全不害怕的嗎？當然沒有。可是，如果有著基本裝備，有穿救生衣，有水上運動的裝備，被丟到大海裡面的時候，就可能是一種享受。

　　不過，現在台灣的海岸線變成什麼模樣？有多少自然海岸線消失？為何到處都是消坡塊，「消波塊」是什麼？俗稱「肉粽」，它可不是端午節的肉粽，消波塊幾乎成了「台灣奇蹟」之一，這些你知道嗎？

我們跟海洋斷了線

　　台灣海岸線總長有 1,338 公里，已經有 753.5 公里是消波塊（資料來源：2017年四月號《遠見雜誌》），占 56%，這是一個可怕的數據。

　　台灣的漁港密度世界第一，總共有 231 個（本島 155 個占 67%、離島 76 個占 33%，資料來源：行政院農委會），每 8.86 公里就有一個漁港，而且有 50% 的漁港是閒置的。有漁港就會有消波塊，因為要做突堤、做堤防。

　　通常因為興建水庫、築攔沙壩、設置港口、填海造陸、防波堤、和養殖業超抽地下水等會有突堤效應、地層下陷等問題。這些公共建設、水庫、攔沙壩等當然有其必要性，設置港口也是，但台灣實在設置太多，竟然平均相隔不到 10 公里就有一個，獨木舟環島時我們就遇到非常多的漁港，看起來多半是沒有在捕魚而閒置的。

　　海岸邊的居民會覺得浪打上來有很多困擾，最好的保護方式是紅樹林或有防

風林，但種植防風林時間冗長，最快
的方式是做防波堤，政府也視為能馬
上解決民怨的好辦法。但，這等於眼
睜睜看著海岸線逐漸消失。

我們一直在消滅海岸線，再加上
海平面上升、填海造陸、與海爭地
等，有一個很可怕的數據告訴我們，
在 2100 年台灣有五分之一的陸地可
能淹沒在海底的。雖然是八十年後我
們可能遇不到，但我們的孩子、孫子
會遇到。

海平面上升有很多原因，南極冰
蓋融化、冰川融化、海水暖化，這都
會造成每一年的海水上升，看起來每
年上升 1.38 毫米好像沒有很多，可是
這麼大面積的海上升 1 公釐，就會造
成全球巨大影響。從 1902 年到 2010
年全球水位上升 18.36 公分，預估 21
世紀末至少上升 26 公分，最大值會
上升 82 公分。

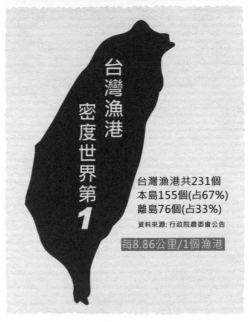

台灣，預計會上升 62 公分。這是一個環保永續的問題，可是很少有人去注
意。全世界都在恢復海岸線，台灣卻在消滅它。

以前頭城有個海水浴場很漂亮，那時還沒有烏石港。後來，為了興建烏石
港，做了很多突堤，整個水流受影響，頭城海水浴場在短短三到五年內，海岸消
失。我最近搬到海邊，那兒以前有很漂亮的潮間帶，也是為了興建漁港和博物館
的需求，破壞了潮間帶、蓋成突堤。

這些事情很少人知道，因為他們在做，我們並沒有關心。我們不關心，政府就一直做。覺得不在乎，是因為跟海洋沒有連結。我們跟海洋是斷了線的生命，我說的不是別人，我自己也是。

我今年 48 歲，其實是在 40 歲那年才想到：慘了，我跟海洋斷了線！所以開始透過研究造舟，教每個人會造舟、划船，我相信當你開始造舟划船時，就會開始看見我說的這些可怕的問題。

好貴的「肉粽」

從 2011 年數據來看，海平面上升已經在眼前，從 1991 年到 2001 年台灣潮位站統計，基隆上升 6 公分，高雄 3.7 公分，全球水位平均上升 0.18 公分，台灣平均每年上升 0.32 公分，比全球平均還高。海平面上升，台灣被淹沒的高風險區有台北盆地、宜蘭平原、西部沿岸等，因為我們有太多的消波塊。

消波塊到底有多可怕，每 1 公里會砸下 3.6 億的錢在埋消波塊，100 公尺就是 3,600 萬，每 1 公尺踏出去的距離，消波塊就花掉我們 360 萬，你會問消波塊有這麼貴嗎？一顆「肉粽」大概台幣 3 至 5 萬元，但必須一直往海裡丟，你看到的上面那一顆可不是只有它存在而已，沉下去的還有很多，數十年來台灣砸下數千億元在海裡，可以說是一個「黃金」海岸，也是「黑金」海岸。

近十年盛行設置外海 100 公尺離岸堤，台灣現在外海的離岸堤一共有 263 座，西岸的嘉義到屏東有 237 座，還記得剛提到西岸在八十年後最容易被海淹沒

嗎？這些等於都白砸了，光屏東就有 124 座，每座 4,000 萬元，一共就是 105 億新台幣。

什麼叫「突堤效應」？沙灘的形成不是「海裡來的沙」，沙是從山上來的，因為風把沙吹到海岸，堆積之後形成沙灘。

可是我們建了突堤之後，海邊陸地來的沙吹到堤防被突堤擋住，擋住後沙就在堤內堆積，堤外的沙因為沒有補充，重重的水泥消波塊一直往下壓，壓完之後又被流帶走，或一次次颱風把消波塊帶走。

上面的消波塊下沉，沈下去又流走，怎麼辦呢？當然就是再丟消波塊。流走再丟、流走再丟，突堤效應的影響，就是生態破壞殆盡，最後海岸線不見。頭城海水浴場便是如此。

全世界都在搶救海岸線，因為天然的海岸線才能夠防堵真正的重大災難，沒有用防風林和海岸線去延續大自然的環境，無法預防突如其來的大災難，可能一次就沒有了。

什麼時候能讓消波塊消失？就是所有人能意識到它對環境不好的時候。

親海敬海

唯有形成一股很大的輿論力量，而不是只在某一個人的言論上，這件事情才能被肯定。它不是那麼容易被改變，但我希望每個人從現在開始關心這個議題，告訴你的朋友：為什麼有這麼多消波塊、卻沒有漂亮的海岸線。

　　我們向來不習慣海洋生活，從小到大被訓練叫做「大陸國家」，把自己當作大陸上的人民，不但不親海，且恐海，認為海洋很可怕、會淹死人，那是因為不了解，了解海洋之後就不用害怕會被它淹沒。

　　如果問可以為海洋做什麼？其實可以從關心海洋議題開始，關注海洋的垃圾，關注消波塊，關注所謂的溫室效應，關注海水暖化怎樣造成這個世界的變化。要為海洋做的事是減少人工圍堵，以自然工法來還原生態，設立海洋保護區，目前在東北角的基隆和新北市有一個小小的海洋保護區，那裡不能夠捕魚。

　　不要再害怕海洋，要敬海親海，像我們環島第一天沒有划，只有在海賊灣練習，因為有一個外圍環流造成長浪，長浪又造成外面的海浪高 1 公尺，以及風太大，瞬間陣風到 22 節，大約時速 50 公里速度的風，這樣的風吹船當然很難划。所以就算是環島的第一天，也決定不出海，因為我們「敬海」，這些資訊並非空口白話，而是查詢中央氣象局資料來的，要划船衝浪都需要知道。

　　知道這些資訊其實就是「敬海」，有了這些資訊你就知道怎麼跟它相處，那天我們還是划了，只是沒有出去，改在海賊灣原地訓練，這就是「親海」。

台灣島民「心的航程」

　　台灣幾乎沒有海洋文化，只有海鮮文化，不斷吃吃吃，到各地都有很好吃的海鮮，卻可能是濫捕、過度捕撈而來的海鮮，像黑鮪魚捕到快沒了，已經告急，就是因為我們沒有好好控制漁獲量，這也是很可怕的事情。記得 2017 年曾去東北角參加「為鯖魚而划」活動，告訴大家不要捕那麼多的鯖魚，夠吃就好，不要捕太小隻的。

　　2009 年開始全世界有一個「World Ocean Day」世界海洋日，每年 6 月 8 日都會有一個議題，其實議題都一樣，就是怎樣去關注海洋。第一年是「one ocean, one climate, one future」，2018 年為「action focus for world ocean」，把焦點放在世界的海洋，不是只有你家的海洋，全世界的海洋都跟你息息相關。每年的世界海洋日時，可以串連起一些活動，來呼籲大家認識海洋的重要性。

深耕山海教育，做無痕山海，這就是我在做的。我其實不是海洋專家，只做一件事情，就是教大家造舟，獨木舟是看起來最脆弱的船，卻是最悠久的船，格陵蘭舟有六千年的歷史，也是現在最環保的造舟方式，我唯一能做的就是教大家做船、划船、認識海洋。

划船就好，為什麼一定要自立造舟？這是很多人問我的問題，因為當你開始造舟，就會開始對這艘船產生情感，造舟就會想划船，划船就會想認識海洋多一點。

我希望達成四個夢想：開啟海洋之心，學習目標設定與堅決的執行力，從DIY 的能力轉化成 DIT（Do It Together）的團體認同與團隊合作學習，然後一齊造舟，能夠划出屬於台灣島民「心的航程」，這是我一直以來教造舟的一個期待。不是只為了划船而造舟，達到自己的目標而已。

2010 年開始想要造舟來認識海洋，後來就畫了台灣地圖想用自己的船來獨木舟環島。2012 年我們有這個氣魄，女兒那時才 10 歲。到 2018 年我們終於划出去，六年的時間，女兒都長大了，船也坐不下要重做了，都沒有消滅這個夢想和熱情。

「生命必須靠食物來維持，也需要意義來滋養，而故事能為生命帶來意義」，這是我一直跟年輕人分享的，盼望大家開始寫自己的故事，而不是聽別人的故事。

「Life is measured by thought and action, not by time. 衡量生命的尺度是思想和行為，而不是時間。」也是我常在造舟前或演講後送給大家的一句話，不要管你現在多大多老，覺得應該做，請你就去做，只要你想做，你應該現在就去行動。

模型製作
示範

衡量生命的尺度是思想和行為,而不是時間
Life is measured by thought and action, not by time.

獨木舟航程規劃單

填表人　　　　　　　　　　　　　填表日：　　年　月　日

請貼上航程地圖	下水點位置 座標 時間 上岸點位置 座標 時間 撤退點1位置 座標 時間 撤退點2位置 座標 時間

環境簡述

航程				里程	公里

日期	時間		天氣	

潮汐	乾潮	滿潮	風向	風速	浪高	波浪	湧浪

參加人數		領隊	

參加人員名單(詳細人員資料及任務分配另外列表)

裝備	舟型				
救生衣	槳	浮力袋	抽水泵	海綿	繫船繩
哨子	通訊器材	防水裙	醫藥箱	修船包	小刀
帽子	太陽眼鏡	防曬用品	手套	防滑鞋	零食
暈船藥	補充：				

造舟裡的生命教育 / 溫志榮 著. -- 第一版.--
臺北市：親子天下, 2019.06
　　面; 17X23公分. -- (學習與教育; BKEE0204P)
ISBN 978-957-503-412-2（平裝）

1.生命教育 2.戶外活動 3.中小學教育

523.39　　　　　　　　　　　108006771

造舟裡的生命教育

七天打造一艘舟
從主題式學習到團隊合作的靈魂修煉課

作者 / 大沐老師（溫志榮）
插圖 / 大沐老師（溫志榮）
採訪整理 / 陳藹文
責任編輯 / 廖薇真
封面設計 / FE 設計
美術設計 / 曹任華、連紫吟

發行人 / 殷允芃
創辦人兼執行長 / 何琦瑜
副總經理 / 游玉雪
總監 / 李佩芬
主編 / 盧宜穗
版權專員 / 何晨瑋

出版者 / 親子天下股份有限公司
地址 / 台北市 104 建國北路一段 96 號 11 樓
電話 / （02）2509-2800　傳真 / （02）2509-2462
網址 / www.parenting.com.tw
讀者服務專線 / （02）2662-0332　週一～週五：09:00~17:30
讀者服務傳真 / （02）2662-6048
客服信箱 | bill@service.cw.com.tw

法律顧問 / 瀛睿兩岸暨創新顧問公司
總經銷 / 大和圖書有限公司 電話：（02）8990-2588
出版日期 / 2019 年 6 月第一版第一次印行
定　價 / 460 元
書　號 / BKEE0204P
ISBN / 978-957-503-412-2（平裝）

訂購服務：
親子天下 Shopping / shopping.parenting.com.tw
海外・大量訂購 / parenting@service.cw.com.tw
書香花園 / 台北市建國北路二段 6 巷 11 號 電話（02）2506-1635
劃撥帳號 / 50331356 親子天下股份有限公司

立即購買 >

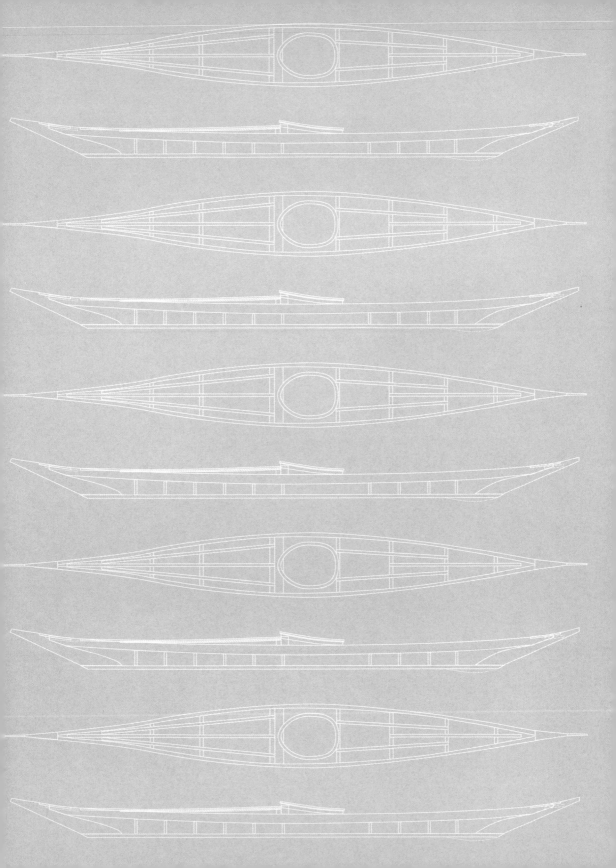